Meu anjo caminhará
à tua frente

Conheça nossos clubes

Conheça nosso site

@editoraquadrante
@editoraquadrante
@quadranteeditora
Quadrante

Título original
Mon ange marchera devant toi

Copyright © 1994 Editions Saint-Paul

Capa
Gabriela Haeitmann

Dados Internacionais de Catalogação na Publicação (CIP)

Huber, Georges
O meu anjo caminhará à tua frente / Georges Huber –
1ª ed. – São Paulo: Quadrante Editora, 2023.

ISBN: 978-85-7465-602-1

1. Demonologia 2. Diabo 3. Fé 4. Vida cristã I. Título

CDD–235.4

Índices para catálogo sistemático:
1. Diabo : Teologia dogmática cristã 235.4

Todos os direitos reservados a
QUADRANTE EDITORA
Rua Bernardo da Veiga, 47 - Tel.: 3873-2270
CEP 01252-020 - São Paulo - SP
www.quadrante.com.br / atendimento@quadrante.com.br

Georges Huber

Meu anjo caminhará à tua frente

QUADRANTE

Sumário

CARTA-PREFÁCIO	9
INTRODUÇÃO	11
UM DILEMA	19
TESTEMUNHOS E CONFIDÊNCIAS	23
AO LONGO DA BÍBLIA E DA LITURGIA	41
AQUI EMBAIXO NUNCA SABEREMOS	61
GRETAS E EMBOSCADAS	81
EM TODAS AS TUAS IDAS E VINDAS	107
VEEM SEM CESSAR O INVISÍVEL	157
SENTADA À SUA PORTA	179
PERSPECTIVAS DE FUTURO	195

> Enviarei meu anjo à tua frente para proteger-te no caminho e conduzir-te ao lugar que preparei para ti. Respeita-o, ouve a sua voz, não lhe desobedeças, porque ele não te perdoará se pecares, e ele fala em Meu nome. Mas, se ouvires a sua voz e fizeres tudo o que Eu te disser, serei inimigo dos teus inimigos e afligirei os que te afligem. O meu anjo caminhará à tua frente.
>
> — *Êxodo*, 23, 20-30

CARTA-PREFÁCIO

Prezado senhor: fiquei surpreso quando há pouco tempo soube que ia publicar um livro sobre os anjos. Como — perguntei-me —, como pode um jornalista, ainda que habituado à teologia, atrever-se com um tema destes? Não é corrente que os jornalistas estejam no vento que sopra? E o vento atualmente não se pode dizer que sopre nas asas dos anjos...

A minha surpresa foi crescendo à medida que avançava na leitura do seu livro.

Na verdade é um livro digno dos anjos e que pode arrostar com a crítica de todos os pontos de vista.

Fala ao homem. Não é um tratado de teologia. Responde diretamente às perguntas dos nossos contemporâneos. Em primeiro lugar, fá-lo de maneira prática, com argumentos de autoridade. Deixa falar os Papas contemporâneos das suas experiências de intimidade com os anjos nas suas vidas pessoais. Referências e comparações tiradas da vida de hoje ajudam, em segundo lugar, a penetrar melhor nas verdades que propõem.

Seu livro fala convincentemente ao leitor. A um estilo vivo acrescenta uma doutrina sólida. Evitando todo o legendário e infantiloide, o senhor faz um esforço por apresentar a realidade dos anjos como um mundo muito particular, extraordinariamente poderoso. Dispõe de uma maravilhosa riqueza de testemunhos, que lhe permitem ilustrar este tema sob todos os aspectos.

Apresentada assim, esta obra dirige-se também ao teólogo. Este encontra-se não só com inúmeros dados de São Tomás de Aquino, mas também com citações de teólogos modernos que abordam o tema. Certamente, uma exposição técnica sobre os anjos não teria alcançado o objetivo proposto. Pode-se afirmar que o senhor conseguiu encontrar o justo meio entre o tratado teológico e a obra de divulgação.

Para terminar acrescentarei que o seu livro fala realmente aos nossos contemporâneos. Mesmo tratando-se de um tema eminentemente espiritual, o homem de hoje não pode deixar de se ver implicado nele, juntamente com os seus problemas.

Depois de uma primeira surpresa, os que o lerem sentirão a alegria de terem sido introduzidos nesse mundo tão grandioso e tão real dos anjos. Sentirão o agradecimento de terem sido fortalecidos na convicção de que têm um anjo por amigo e companheiro em todos os caminhos das suas vidas. E louvarão a Deus pelas maravilhas da sua criação.

Os meus agradecimentos por esta obra sobre os anjos e o desejo de que tenha uma ampla difusão.

Atentamente seu,
Pe. Sighard Kleiner
Abade geral dos cistercienses

Roma, 28 de Maio de 1970

INTRODUÇÃO

> *Diz-me, que é melhor: falar do vizinho e dos seus assuntos, farejar tudo, ou conversar sobre os anjos e sobre as coisas que podem enriquecer-nos?*
>
> — São João Crisóstomo, *In Joan. homil.* 18

São os seus anjos. «Quando o Filho do Homem vier na sua glória com todos os seus anjos...» (Mt 25, 31). São seus por criação. No princípio, antes que o homem aparecesse, antes que o universo fosse habitável, foram por Ele suscitados do nada: «Nele foram criadas todas as coisas nos céus e na terra, as visíveis e as invisíveis, os tronos e as dominações, os principados e as potestades, tudo foi criado por ele e para ele» (Cl 1, 16). Mas depois serão seus por um novo título, que nos toca de perto, quando o Filho unigênito, que está no seio do Pai, tendo decidido baixar-se até se fazer o Filho do Homem, fizer deles os arautos do seu desígnio de redenção: «Porventura não são todos eles espíritos destinados a servir, enviados para exercer o seu ministério a favor daqueles que hão de receber a herança da salvação?» (Hb 1, 14).

Anunciam este mistério de salvação primeiro de longe, sem poderem ainda sondar o seu abismo. Sob a economia da Lei da natureza, são eles que cerram o paraíso terrestre (Gn 3, 24), protegem Lot (Gn 19), salvam Agar e o filho no deserto (Gn 21, 17), detêm a mão de Abraão levantada contra o seu filho Isaac (Gn 22, 11) etc. Sob a economia da Lei mosaica, a mesma Lei é comunicada por meio do seu ministério (At 7, 53; Gl 3, 19; Hb 2, 2); assistem a Elias (1 Rs 19, 5), Isaías (Is 6, 6), Ezequiel (Ez 40, 2), Daniel (Dn 7, 16) etc. Já no final, é um anjo que prediz a Zacarias o nascimento do precursor e quem anuncia à Virgem de Nazaré «que encontrou graça aos olhos de Deus, e que a virtude do Altíssimo a cobrirá com a sua glória».

Os anjos estão então à espera da Encarnação, mas quem pode exprimir o seu assombro no instante em que Deus, «introduzindo o seu primogênito no mundo, diz: que todos os anjos o adorem» (Hb 1, 6)? Quando a Virgem da Anunciação pronuncia o seu *Fiat*, há certamente algo novo na terra e no desenvolvimento da história humana: Isabel, Simeão, os pastores, os magos compreendê-lo-ão pouco a pouco, mas nesse mesmo instante todo o universo dos anjos se iluminou. Cristo brilha no seu céu incomparavelmente mais do que a estrela no céu dos magos, e são os anjos que começam na pátria, em honra do Verbo encarnado, a ação de graças que irá repercutindo ao longo dos dias do nosso exílio: *Glória a Deus no mais alto dos céus, e paz na terra aos homens de boa vontade* (Lc 2, 14).

A partir desse momento, vemo-los colocados sob a irradiação imediata da Humanidade de Jesus, com a qual em certa medida estão conaturalizados. Podem passar a servi-lO mais intimamente no desígnio da sua obra redentora. Protegem a sua infância (Mt 1, 20), evangelizam os pastores (Lc 2, 18), guiam a fuga para o Egito, aproximam-se de Jesus depois das tentações para O servirem (Mt 4, 11), alegram-se pela conversão de um só pecador (Lc 15, 10), indignam-se com o escândalo causado à infância: «Não desprezeis um só destes pequeninos; pois vos declaro que os seus anjos nos céus veem incessantemente a face de meu Pai que está nos céus» (Mt 18, 10), numa palavra imortal que associa para sempre, na memória dos homens, a inocência da criança e a pureza do anjo. Com o espírito de Cristo é como lhes é dado acompanhar a Cristo. «A sua aparição é sempre o sinal de uma intervenção direta e decisiva de Deus, que nesse momento já não deixa que os acontecimentos sigam o seu curso, tomando milagrosamente as coisas na mão através dos anjos. Do mesmo modo que na Antiga Aliança foram os instrumentos do Senhor para conduzir o seu povo, chamar os seus servidores, revelar-se aos seus profetas, agora tomam parte nos acontecimentos da vida de Jesus Cristo. O seu papel está particularmente assinalado nos relatos do seu nascimento, da sua ressurreição, bem como nas cenas em quem vemos Jesus Cristo disputar as batalhas decisivas do reino (tentações no deserto, agonia em Getsêmani)... Do mesmo modo, no livro dos *Atos* tomam parte ativa no progresso do Evangelho e põem também de manifesto a continuidade essencial existente entre o testemunho dos apóstolos e o ministério terrestre de Jesus Cristo»[1].

Na noite em que foi traído, um só sinal de Jesus os teria feito vir: «Julgas porventura que eu não posso rogar a meu Pai e que Ele imediatamente não me enviaria mais de doze legiões de anjos?» (Mt 26, 53). No final, «o Filho do Homem enviará os seus anjos, que hão de tirar do seu reino todos os escândalos e todos quantos praticam a iniquidade» (Mt 13, 41).

«Seja feita a tua vontade assim na terra como no céu» (Mt 6, 10). Primeiro a vontade de Deus cumpre-se no céu, depois vem ao encontro da terra. Comunica-se das criaturas invisíveis às criaturas visíveis. Concede às primeiras o poder e a alegria de socorrer as segundas — aos anjos, o descer até os homens e até os lugares que estes habitam. «Não são todos eles... enviados para exercer o seu ministério a favor daqueles que hão de receber a herança da salvação?» (Hb 1, 14).

Seguindo um pensamento de Atenágoras e de Orígenes, Santo Agostinho havia de escrever: «Aos anjos celestiais, que possuem a Deus na humildade e o servem na bem-aventurança, está submetida toda a natureza corporal e toda a vida racional.»[2] Vemos que o cristianismo substituiu a concepção antiga de um cosmos fechado em si mesmo — que é o que São Tomás critica

---

1   M. Boutier, art. «Anges», em *Vocabulaire biblique*, Neuchântel.
2   *De Genesi ad litteram*, L, VIII, cap. 24, n. 45.

em Aristóteles — pela concepção de um cosmos aberto aos acontecimentos de vontade, aberto às livres intervenções dos anjos e dos homens, que, simplesmente fazendo jogar as interferências causais, sem atentar minimamente contra as leis do universo nem o seu determinismo, suspendem ou modificam o seu efeito num caso particular. Sem se limitar a pensar nas intervenções claramente milagrosas, que podem ser obras dos anjos, São Tomás afirma que exercem um domínio imediato, *immedatam praesidentiam*, sobre as naturezas inferiores.[3] Acrescentemos que os descobrimentos da física nuclear vêm alargar estes horizontes; estes descobrimentos fazem-nos penetrar num mundo que continua a ser o da matéria, mas no qual a matéria, em virtude da sua indeterminação relativamente às nossas medidas, se situa numa relação de conveniência e de afinidade com o invisível das moções angélicas, participando assim, de certo modo, na invisibilidade do espírito.

Jesus nunca cessa de nos falar dos seus anjos.[4] A alma humana, sem ser um espírito puro, é um espírito. Aberta na sua parte inferior à ação das realidades corporais, está aberta pela sua parte superior à visita dos anjos. Na vida silenciosa e pré-consciente da nossa inteligência, os anjos podem semear sugestões que, atravessando o umbral

---

[3] I , q. 110, a. 1, ad 2.

[4] Cf. Jacques Maritain, «Le tenant-lieu de théologie chez les simples», em *Nova et vetera*, 1969, n. 2, pp. 80-121.

da consciência clara, exercerão a sua influência concreta sobre as vacilações e as orientações da nossa existência cotidiana. Num primeiro grau — é o caso mais corrente —, dá-se de uma maneira muito concreta, pois o que acontece na consciência não tem nada em si que acuse qual seja a sua origem. É natural ou sobrenatural? Impossível dizê-lo. «Que outra coisa podemos concluir senão que com frequência tomamos por inspiração natural o que na realidade vem de cima? [...] Quando temos uma inspiração repentina, pode certamente ter uma origem simplesmente natural. Mas é provável que, com mais frequência do que julgamos, nos tenha sido ciciada ao ouvido pelo nosso Anjo da Guarda.»[5] Num segundo grau, «a iluminação e a inspiração recebidas têm muito maior força. Nestes casos levam como uma marca experimentada, mas inefável, que as distingue de um processo puramente natural. A luz que ilumina a alma é diferente. E então, quando um raio de luz profética tem suficiente força, a alma, com autêntica *certeza,* acrescenta fé ao que lhe foi mostrado nessa inspiração, particularmente (mas não necessariamente) quando esta responde a uma petição feita com um ardente espírito de fé e forma um todo com uma longa experiência de vida de oração».[6] Num terceiro grau, a luz profética experimentada levará como que a assinatura do espírito bem-aventurado (anjo ou alma

---

5   *Ibidem*, p. 104.
6   *Ibidem*.

glorificada) da que provém: Joana d'Arc reconhecia as suas vozes.[7]

«Em verdade, em verdade vos digo, vereis o céu aberto, e os anjos de Deus subindo e descendo sobre o Filho do Homem» (Jo 1, 51). Os exegetas comentam isto assaz brevemente. Santo Agostinho meditou muito sobre o sentido misterioso destas palavras.[8] Foram ditas discretamente a Natanael, em quem Jesus acabava de reconhecer «um verdadeiro israelita, em quem não há dolo» (Jo 1, 47). Necessita-se de um coração como o de Jacó, a quem o anjo porá o nome de Israel (Gn 32, 29), para compreender o sonho de Betel (Gn 28, 10-19); é preciso ter um coração puro para ver os anjos. Mas, como tantas outras palavras de Jesus, estas dirigem-se, para além dos ouvintes contemporâneos, à profundidade dos tempos. Esta é a pergunta de Santo Agostinho: como podem os anjos de Deus «subir e descer sobre o Filho do Homem»? Agora Ele reina no alto, no céu da sua glória, à direita do Pai. Como pode estar ao mesmo tempo em baixo, para que os anjos desçam sobre Ele? Só Jesus pode responder a semelhante pergunta. Fê-lo, diz Santo Agostinho, na estrada de Damasco. De uma luz vinda do céu parte a voz: «Saulo, Saulo, por que me persegues?» (At 9, 4). O mesmo Jesus é o que está, ao mesmo tempo, em cima e em baixo. Está em cima no céu

---
7   *Ibidem*, p. 107.
8   *Sermo* 122, n. 5. (Cf. *Sermo* 89, n. 5.)

para iluminar e interpelar. Está em baixo na terra para ser perseguido, na sua Igreja, que é o seu Corpo (Ef 1, 23). Entre este em cima e este em baixo os anjos continuam a subir e a descer até ao tempo da Parúsia.

Charles Journet
6 de Outubro de 1969

UM DILEMA

Vieram a público, há algum tempo, dois livros inspirados pela solicitude das igrejas para pôr remédio à atual crise de fé: *Que é preciso crer?*, do Cardeal G. M. Garrone, antigo Arcebispo de Toulouse, depois Perfeito da Congregação para a Educação Católica (pode dizer-se Ministro da Educação no governo central da Igreja), e *O que não creio*, do Rev. John A. T. Robinson, antigo bispo anglicano de Woolwich, posteriormente professor da Universidade de Cambridge.

Os dois prelados tratam do problema dos anjos.

«É demasiado pouco dizer que os anjos já não estão na moda», escreve o Cardeal Garrone. «Prefere-se não pensar nisso, com medo de se encontrar ante este caso de consciência difícil e insolúvel: ou afirmar com a Igreja a existência destes seres misteriosos e ver-se assim desagradavelmente incluído entre os ingênuos e atrasados, ou pronunciar-se abertamente contra e situar-se, não menos desagradavelmente, em desacordo com a fé da Igreja e o sentido evidente do Evangelho. Resultado: abster-se. Este é o estado de espírito e a opção da grande maioria.»

A um e outro lado deste centro abstencionista, hoje maioritário, o Cardeal Garrone assinala dois grupos.

O primeiro está formado por homens «que aprenderam a superar os seus escrúpulos» e com frequência se veem contados entre os espíritos fortes e inteligentes. O segundo compreende «o que fica do bom povo que continua a pensar com a Igreja, escuta o Evangelho tal como é e reza com confiança» a estes invisíveis companheiros de caminho que Deus nos deu.

John A. T. Robinson começa o seu capítulo sobre os anjos evocando um artigo do *New Christian*, o *«enfant terrible* do jornalismo cristão na Grã-Bretanha». Este jornal julga que já é tempo de que os anjos se vão: «Se desaparecerem dos sermões, das lições de Catecismo e da liturgia, será certamente um benefício.»

John A. T. Robinson compartilha amplamente dos pontos de vista do *enfant terrible*: «Se queremos ser sinceros, é preciso confessar que no fundo todos somos da mesma opinião [que o *New Christian*]; pois, aos olhos da maior parte da gente, os anjos não são mais do que outro acréscimo ao invólucro de imaginação e de irrealidade que reveste o Evangelho. Longe de fazer que a fé seja mais real, é evidente que não conseguem senão separá-la de toda a realidade, fazendo-a ainda mais longínqua e mais evanescente. Penso que não é possível negar isto.»

Feitas estas precisões, o autor de *O que não creio* conclui: «Assim, pois, na medida em que se tomam as pessoas tal como são, e em que se trata de lhes fazer compreender a fé cristã a partir do que lhes parece verdadeiro, estou de acordo com o *New Christian*.»

Ante estas divergências de pontos de vista, qual deverá ser a atitude do católico?

Pondo a sua confiança no ensino tradicional da Igreja, intérprete do Evangelho, continuará a crer na existência destes invisíveis companheiros de caminho? Contará, na sua vida cristã, com a sua presença ativa? Ou então, tomando como critério da verdade revelada o que aparece como verossímil ao comum das gentes de hoje, preferirá o fiel cristão ver os anjos varridos dos sermões, dos catecismos, da liturgia? Conduzir-se-á como se os anjos fossem seres tão irreais como as fadas e tão inexistentes como o Papai Noel? Para dar uma primeira resposta a estas controversas questões, apreciaremos o ensino e a conduta dos Papas contemporâneos: Pio XI, Pio XII, João XXIII e Paulo VI.

Não é missão dos Sumos Pontífices confirmar na fé os pastores e os fiéis, bem como construir a Igreja com o seu exemplo e com a sua palavra? Entre as vozes vivas do nosso tempo não são para os católicos os intérpretes mais autênticos da doutrina católica? A resposta dos Papas nos dirá se podemos em boa consciência unir-nos à massa dos que negam a existência dos anjos ou se não temos, antes, de nos felicitar por pertencer a esse «resto de bom povo» que, ainda que débil numericamente, crê ainda com a Igreja que os anjos existem e que nos guardam.

TESTEMUNHOS E CONFIDÊNCIAS

O Papa Pio XI confiou a um grupo de visitantes que, no começo e no fim de cada um dos seus dias, invocava o seu Anjo da Guarda. Acrescentou que ao longo do dia renovava com frequência esta oração, especialmente quando as coisas se complicavam, o que sucede com frequência nas ocupações do Papa.

«Importa-nos manifestar isto, também por dever de gratidão», continuou Pio XI. «Temo-nos visto sempre maravilhosamente assistidos pelo nosso Anjo da Guarda. Com muita frequência sentimos que está próximo, disposto a ajudar-nos.»

Recordando as palavras de São Bernardo sobre os nossos deveres de respeito, de amor e de confiança para com os nossos Anjos da Guarda — exortações que a Igreja incluiu na liturgia —, Pio XI revelou ao seu auditório que, na sua juventude, teve a felicidade de atender e captar bem os conselhos do santo doutor. Imprimiram-se profundamente no seu coração. Ao desenvolverem nele a devoção ao Anjo da Guarda, «contribuíram para tudo o que de bom o Papa tinha podido fazer durante a sua vida».

Semelhantes confidências serão uma surpresa para quem não crê. Poderão mesmo ser estranhas para certos fiéis. Que Pio XI, que denunciou Stalin e as suas perseguições na Rússia, que fez frente a Hitler e resistiu a Mussolini, que este Papa, cuja fortaleza inabalável traz à memória o valor de um Gregório VII, contasse a tal ponto com a assistência do seu Anjo da Guarda e o invocasse com frequência ao longo do dia, quem poderia pensá-lo? Quem o teria crido, se o mesmo Pio XI não o tivesse manifestado num discurso público?[1]

Do mesmo modo como recorria amiúde ao companheiro invisível enviado por Deus para o *guardar em todas* as *suas idas e vindas*,[2] Pio XI recomendava com frequência esta devoção especialmente a certa classe de visitantes e de fiéis, como os representantes diplomáticos da Santa Sé, os missionários, os educadores e os escoteiros. «Recomendamos sempre esta devoção aos que vão na vanguarda. Com frequência encontram-se abandonados às próprias forças. Que não esqueçam então que têm um guia celestial, que recordem que o anjo de Deus vela realmente sobre eles. Este pensamento lhes dará valor e confiança.»[3]

«Um belíssimo segredo»

João XXIII revelou como Pio XI recomendava aos representantes da Santa Sé a devoção aos Anjos da Guarda. Nomeado em março de 1925 visitador

---

1 Discurso de 2-IX-1934 aos meninos católicos.
2 Cf. Sl 90, 11.
3 Discurso de 10-VI-1923 aos exploradores católicos.

apostólico na Bulgária e, nove anos mais tarde, delegado apostólico na Turquia e na Grécia, Mons. Angelo Roncalli residia em países onde os católicos eram minoria. O espírito ecumênico ainda não estava tão vivo, e a Santa Sé não tinha então o prestígio de que hoje goza nessas regiões. A missão de Mons. Roncalli era das mais delicadas.

Numa das suas visitas ao Vaticano, Mons. Roncalli ouviu como Pio XI lhe confiava «um belíssimo segredo» para lhe facilitar a sua missão nos Bálcãs: o recurso e a presença ativa dos anjos. «Fonte de perene alegria para os seus protegidos, esta presença», explicava Pio XI ao seu futuro sucessor, «aplana as dificuldades e dissipa as oposições. Quando temos de falar com uma pessoa de difícil acesso às nossas argumentações, e com quem, por conseguinte, a nossa conversa deva ter um tom mais persuasivo, recorremos ao nosso Anjo da Guarda. Encomendamos-lhe o assunto. Pedimos-lhe que intervenha junto do Anjo da Guarda da pessoa com quem temos de nos encontrar. Uma vez estabelecido o entendimento entre os anjos, a conversa do Papa com o seu visitante é muito mais fácil.»[4]

Os antigos secretários particulares de Pio XI revelaram outros pormenores da intimidade familiar do grande Papa com os anjos. Isto, por exemplo, escreve, acerca dos que ele chama «os ajudantes de campo» do Papa, o Cardeal Carlo Confalonieri,

---

4   Discurso de João XXIII, em 9-IX-1962, na Basílica de Santa Maria dos Anjos. Roma.

então Prefeito da Congregação para os Bispos, e antigo secretário do Papa Pio XI: «Pio XI tinha uma grande devoção aos Anjos da Guarda. Primeiro ao seu, depois aos anjos que ele sabia estarem à frente dos cargos eclesiásticos e das circunscrições territoriais. Tinha de levar a cabo uma missão delicada? Pedia ao seu Anjo que lhe facilitasse o caminho e que dispusesse favoravelmente o ânimo das pessoas com quem devia tratar. Ainda mais, em circunstâncias particularmente difíceis, invocava também o Anjo da Guarda do seu interlocutor, pedia-lhe que iluminasse e infundisse sossego ao seu protegido. Quando entrou na diocese de Milão, da qual tinha sido nomeado Arcebispo por Bento XV em 1921, Mons. Ratti ajoelhou-se para beijar a terra que o Senhor lhe confiava e invocou a proteção do anjo da diocese. Fez o mesmo — logo que pôde — à sua chegada à Polónia como visitador apostólico.»[5]

Seu secretário, E. Pellegrinetti, depois núncio na Iugoslávia e cardeal, contou um episódio que revelava a confiança de Pio XI na assistência dos anjos. Deu-se no verão de 1918, poucos meses antes do final da Primeira Guerra Mundial. O exército alemão ocupava uma parte da Polónia. Recém-chegado às margens do Vístula, o enviado do Papa Bento XV fez, no dia 24 de Junho, uma visita ao governador geral de Varsóvia, o general Von Beseler, famoso vencedor de Antuérpia e Modelin. Como

---

5 Carlo Confalonieri, *Pio XI visto da vicino,* Turim, 1957, pp. 308-309.

tinha por costume nas vésperas de cada reunião delicada, Monsenhor Ratti encomendou-se com fervor a Nossa Senhora do Bom Conselho e ao Anjo da Guarda do seu difícil interlocutor: pela sua nacionalidade, Mons. Ratti pertencia a uma nação inimiga da Alemanha; tinha de se pôr diante de um alto personagem sem poder apoiar-se em argumentos políticos nem militares.

Os acontecimentos deram razão à confiança do visitador apostólico. Efetivamente, na sua conversa com o general alemão, Mons. Ratti — segundo relata Pellegrinetti, testemunha da entrevista — adotou tal atitude de sinceridade, utilizou expressões tão medidas e pertinentes, pôs na sua voz tanta gravidade e uma suavidade tão insinuante, que acabou por ganhar o respeito do seu marcial interlocutor. É certo que o enviado de Bento XV não obteve tudo o que pretendia do governador geral de Varsóvia, mas pelo menos conseguiu dissipar prevenções, atenuar obstáculos e arrancou promessas. Já era muito.[6]

Estas experiências deixam marcas num homem. Assim, uma vez Papa, o antigo visitador apostólico, quando se despedia de um prelado encarregado de uma missão, dirigia-lhe habitualmente as palavras da liturgia: «Que o Senhor esteja no teu caminho e que o seu anjo te acompanhe.»[7]

---

6 Cf. Card. Pellegrinetti, *Pio XI, l'uomo nel Papa, il Papa nell'uomo*, Roma, 1939, p. 11.

7 Card. Confalonieri, *op. cit.*, p. 309. Na sua obra *Les merveilles divines operées dans les âmes par le ministère des anges* (Paris, 1870, p. 366), Dom Benoit Sicard, da Trapa de Sept-Fons, assinala com quanto êxito São Pedro Canísio recorria

Um certo trato familiar

Também Pio XII falou do papel dos anjos na vida cristã, embora sem se abandonar às confidências do seu predecessor Pio XI e do seu sucessor João XXIII.

De Pio XII possuímos dois textos sobre os anjos: uma menção breve mas importante, numa encíclica, e uma alocução pronunciada poucos dias antes da sua morte.

A encíclica *Humani generis*, que veio a público durante o Ano Santo de 1950, indicava aos bispos determinados «erros que ameaçavam arruinar os fundamentos da doutrina católica». Entre as opiniões falsas, Pio XII denunciava os pontos de vista de certos teólogos «que se interrogam se os anjos são criaturas pessoais».[8]

Denunciar este erro num documento solene do Magistério era afirmar implicitamente que os anjos são na verdade criaturas pessoais. Era reafirmar a existência dos anjos frente aos que a discutem, reduzem os anjos a mitos, fazem deles «voláteis celestiais» ou entidades vaporosas.

A alocução dirigida em 3 de outubro de 1958 por Pio XII a setecentos peregrinos americanos é uma verdadeira joia da teologia pastoral. É curta,

---

à cooperação dos anjos nas suas missões diplomáticas: «No confessionário, no púlpito, nas suas viagens, nas diversas missões que a Santa Sé lhe confiou, sempre se dirigia ao seu Anjo da Guarda e se confiava a ele: em caso praticamente único na história de uma vida de mais de setenta e dois anos, *sempre levou a bom termo as tarefas que empreendeu.*»

8   AAS 1950, p. 570.

mas densa de doutrina e rica em aplicações práticas. O chamado «Pastor Angélico» exorta os fiéis a *manterem* um *certo trato familiar* com os Anjos da Guarda.

Seguindo o seu método pastoral, Pio XII parte das coisas da terra para elevar gradualmente os seus ouvintes para as realidades do céu. Depois de ter evocado as belezas do mundo visível — o mar, o céu estrelado — admirados pelos peregrinos do outro lado do oceano durante a sua viagem, o Papa recorda-lhes «que existe também outro mundo, um mundo invisível, mas tão real» como o nosso. Este mundo invisível que nos rodeia está povoado de anjos. «Estavam nas cidades que visitastes..., eram vossos companheiros de viagem.»

E o Papa, inspirando-se na Sagrada Escritura, nos Santos Padres e na liturgia, concretiza o papel dos Anjos da Guarda nas suas vidas:

> Não disse Cristo, falando às crianças, que tão queridas foram pelo seu Coração puro e amante: «Os seus anjos no céu veem incessantemente a face de meu Pai que está nos céus» (Mt 18, 10)? Quando os pequenos se fazem adultos, os seus Anjos da Guarda abandonam-nos? Certamente que não!
>
> «Cantemos os Anjos da Guarda dos homens», dizia a liturgia de ontem no hino das primeiras Vésperas, «companheiros celestiais que o Pai deu à sua frágil natureza, para que não sucumba ante os inimigos que a espreitam». Este mesmo pensamento se repete uma e outra vez nos escritos dos Padres da Igreja.
>
> Cada um, por mais humilde que seja, tem anjos que velam por ele. São gloriosos, puros, esplêndidos

e, não obstante, foram-vos dados como companheiros de caminho: estão encarregados de velar cuidadosamente sobre vós, para que não vos aparteis de Cristo, seu Senhor.

E não só querem defender-vos dos perigos que vos espreitam ao longo do vosso caminho, como também estão ativos ao vosso lado, estimulando as vossas almas quando fazeis esforços para vos elevardes cada vez mais alto na união com Deus através de Cristo.

Enquanto estamos inclinados às vezes a limitar a missão dos Anjos da Guarda à ocupação de nos defenderem e protegerem, especialmente nos aspectos materiais, Pio XII vai mais longe, de acordo com toda a tradição cristã: o nosso Anjo da Guarda, diz, atua para favorecer a nossa elevação espiritual e para desenvolver a nossa vida de intimidade com Deus. O Anjo da Guarda é um mestre de ascética e de mística; é um guia que arrasta até ao cume.

Pio XII acaba a sua alocução exortando os fiéis a manterem já aqui em baixo as relações de intimidade familiar com os seus invisíveis companheiros de caminhada, chamados a serem um dia seus visíveis companheiros de eternidade. «Não queremos despedir-nos [...] sem vos exortarmos a despertar, a avivar em vós o sentido do mundo invisível que vos rodeia — "pois as coisas que se veem são transitórias, as que não se veem são eternas" (2 Cor 4, 18) — e a manter certa intimidade familiar com os anjos cuja solicitude constante se emprega na vossa salvação e na vossa santificação. Se Deus quiser, passareis uma eternidade feliz com os anjos: aprendei a conhecê-los já desde agora.»[9]

«Converso com ele frequentemente»

Também João XXIII tinha uma profunda devoção ao seu Anjo da Guarda. Pode-se afirmar que este Papa punha perfeitamente em prática o conselho dado pelo seu predecessor aos peregrinos do outro lado do Atlântico: «manter uma certa intimidade familiar com os anjos». Pode-se acrescentar que a fé de João XXIII na presença amorosa e ativa do seu Anjo era tal que, como Pio XI, o invisível se lhe fazia de certo modo visível aos olhos da fé.

E também o Papa do *aggiornamento* falou com frequência nos seus discursos sobre os anjos. O que mais nos chama a atenção nas suas palavras é a simplicidade e a naturalidade. João XXIII acredita na existência dos Anjos da Guarda e na sua missão *junto* dos homens, porque foi assim revelado por Deus. Para ele o assunto não levanta problemas. Ele não discute. Não se envolve em sutilezas. Não complica o que é simples. Não apresenta questões que considera inconsistentes. Deus falou: isto basta para o senso comum e a fé viril de João XXIII. Para Angelo Roncalli, a existência dos anjos é uma verdade tão certa como dois e dois serem quatro, embora tenha a sua origem em fonte diferente das certezas matemáticas.

---

[9] *Discorsi* e *radiomessaggi di Sua Santità Pio XII*, vol. XX, pp. 413-414.

João XXIII acredita na existência dos anjos e aproveita com alegria as ocasiões que se lhe apresentam para recordar aos seus ouvintes esta verdade tranquilizadora. As suas palavras são instrutivas. Além de exortar a ter confiança nos Anjos da Guarda, faz às vezes observações acerca das atividades dos nossos invisíveis custódios.

Assim, numa mensagem difundida no trigésimo aniversário da Rádio Vaticano, em 1º de outubro de 1961, João XXIII fez alusão ao apoio misterioso que os anjos prestam às palavras do sacerdote, para que penetrem no espírito dos ouvintes e toquem o seu coração: «Que os anjos de Deus [...] sejam os amáveis arautos da nossa voz. [...] Que os anjos, penetrando nas casas, digam [...] a nossa solicitude por que se estabeleça a concórdia social, a pureza de costumes, a prática da caridade, a paz entre as nações. Que incitem os fiéis a rezar pelo Concílio.»[10]

Exortando uns meses mais tarde o clero para que recite o breviário com fervor crescente pelos bons resultados do Concílio, João XXIII sugere aos sacerdotes que recorram aos Anjos da Guarda: «Pediremos particularmente ao nosso Anjo da Guarda que se digne assistir-nos na recitação diária do Ofício divino, para que o recitemos com dignidade, com atenção e com devoção, e assim seja agradável a Deus, frutífero para nós e para a alma dos outros.»[11]

---

10   *Discorsi, messaggi, colloqui del Santo Padre Giovanni XXIII*, vol. 111, p. 450.
11   Exortação apostólica de 6-I-1962; AAS 1962, p. 74.

Mas João XXIII não recorda apenas aos eclesiásticos a presença ativa dos Anjos da Guarda. Fala gostosamente deles aos demais fiéis, sobretudo aos pais. Que estes incutam nos seus filhos a convicção de que nunca estão sós, de que têm um anjo ao seu lado; que os ensinem a conversar confiadamente com ele.[12] «O Anjo da Guarda é um bom conselheiro; intercede junto de Deus a nosso favor; ajuda-nos nas nossas necessidades; defende-nos dos perigos e dos acidentes. O Papa gostaria que os fiéis *sentissem* toda a grandeza desta *assistência* dos anjos.»[13]

O culto ao Anjo da Guarda deveria ocupar um dos primeiros lugares entre as devoções cristãs. «Nunca se deve», declara João XXIII, evocando a cena do Nascimento de Belém e os coros dos anjos, «nunca se deve descuidar a especial devoção ao Anjo da Guarda, que está ao lado de cada um de nós. Poder-se-ia dizer que Belém nos oferece de certo modo uma síntese de luz: o nosso Redentor e Senhor, Maria que é sua e nossa Mãe, São José e os anjos. Assim se alimenta e robustece a nossa vida sobrenatural».[14]

Assim, pois, João XXIII considera o culto aos anjos como uma devoção essencial do cristão. Nada de estranho há nisso, posto que, como faz notar o Cardeal Daniélou, «os maiores santos e homens de Deus viveram a sua intimidade

---

12 Cf. Discurso de 30-IX-1959; *Discorsi etc.*, vol. I, p. 798.
13 Discurso de 24-X-1962; *op. cit.*, vol. IV, p. 860.
14 Discurso de 26-XII-1962; *op. cit.*, vol. V, p. 328.

familiar, desde Santo Agostinho a John Henry Newman».[15]

Conversar com o Anjo dos outros

Atual em todo tempo e lugar, o culto aos anjos é-o de modo particular nesta nossa época. O desenvolvimento dos meios de transporte e o frenesi da velocidade próprio dos homens de hoje não os expõem a perigos crescentes, que requerem um suplemento de proteção? E não são os Anjos da Guarda os protetores natos dos homens? Invocando com maior fervor os anjos, observa João XXIII numa alocução sobre o respeito ao Código de Trânsito, obteremos «a sua intervenção sobre a razão e a vontade dos homens, e inclusive sobre as forças da técnica, quando uma mal entendida emulação e o afã de bater recordes possam ser causa de ruína». O Chefe da Igreja deseja que «aumente a devoção aos Anjos da Guarda. Cada um de nós tem o seu, e cada um pode conversar com os anjos dos outros».[16]

Tão persuadido estava João XXIII da existência dos anjos ao lado dos homens que, contemplando a massa dos peregrinos e turistas reunidos no domingo na Praça de São Pedro para a recitação do Ângelus e a benção do Papa, pensava também nas multidões, igualmente numerosas, de Anjos da Guarda presentes invisivelmente na mesma

---
15 J. Daniélou, *Les anges et leur mission*, p. 5.
16 Discurso de 9-XI-1961; *op. cit.*, vol. 111, p. 384.

praça.[17] Além disso, esta era a mesma atitude de um bispo particularmente querido de João XXIII: São Francisco de Sales, que, antes de começar a pregar, gostava de passear o olhar sobre a assistência a fim de saudar os Anjos da Guarda do seu auditório, invisivelmente presentes.

Numa carta dirigida à irmã Angela Roncalli, uma das sobrinhas religiosas, quando era núncio na França, o futuro Papa João XXIII entregou-se a algumas confidências acerca das suas relações com os anjos. «O teu nome de religião», escreve-lhe, «que recorda o do teu tio bispo, o do teu bisavô e o do teu irmão, dos quais estes dois últimos já gozam da companhia visível dos anjos, deve ser para ti um estímulo para manter uma intimidade familiar com o teu Anjo da Guarda, e também com todos os Anjos da Guarda das pessoas que conheces e amas, na Santa Igreja e na tua congregação. É um consolo sentir perto de nós este custódio celestial, este guia dos nossos passos, esta testemunha dos nossos atos mais íntimos. Eu mesmo recito a oração *Santo Anjo do Senhor, meu zeloso guardador* pelo menos cinco vezes por dia, e com frequência converso espiritualmente com ele, sempre com sossego e com paz. Quando tenho de visitar alguma personagem importante para tratar de assuntos da Santa Sé, peço ao meu Anjo para que se ponha de acordo com o da alta personagem para que influa na sua disposição de

---

17   Cf. Discurso de 12-XII-1962; *op cit.*, vol. V, p. 31.

ânimo. É uma devoção que me recordava muitas vezes o Santo Padre Pio XI, de venerada memória, e que me é muito frutífera.»[18]

Como nos fez notar o antigo secretário do Papa, Mons. Loris Capovilla, esta intimidade de João XXIII com o mundo invisível transparecia através de manifestações que brotavam dos seus lábios nas conversas com determinados visitantes: «O meu anjo bom inspirou-me esta coisa, o meu anjo bom inspirou-me aquela outra; o meu anjo bom despertou-me esta manhã.»[19].

Terminemos esta evocação das relações de João XXIII com o mundo dos anjos referindo um fato pouco conhecido, que teve uma influência incalculável no destino da Igreja e, por conseguinte, no destino do mundo. Numa confidência feita a um bispo canadense, João XXIII atribui a uma inspiração do seu Anjo da Guarda a ideia de convocar o XXI Concílio Ecumênico.

Tivera uma aparição? Certamente não. Em repetidas ocasiões João XXIII declarou publicamente que a ideia de um Concílio lhe ocorreu enquanto estava rezando. Na sua conversa com o prelado canadense, o Papa simplesmente precisou que foi por intermédio do seu Anjo da Guarda que Deus lhe deu essa inspiração.

Não temos nada a estranhar nesta maneira de proceder de Deus, por menos que nos recordemos da sua norma de conduta na história da salvação:

---

18 João XXIII, *Cartas a mi família*, Paris, 1969. Carta de 3-X-1948.
19 Carta de 16-VII-1968.

quando comunica aos homens não já uma graça sobrenatural, mas uma ideia, uma sugestão, uma inspiração, Deus serve-se do Anjo da Guarda como intermediário. Este atua secretamente sobre as faculdades do homem.[20] Assim, Deus utilizou a intervenção dos Anjos para dar a sua Lei a Moisés[21] e para inspirar cada um dos Profetas.[22]

Associados ao governo divino

O ensino solene de Paulo VI vem coroar os testemunhos dos seus três predecessores.

No *Credo do Povo de Deus,* de 30 de junho de 1968, no encerramento do Ano da Fé, o Chefe da Igreja menciona em duas ocasiões os anjos: no começo, para afirmar a sua existência, e no final, para recordar a sua participação no governo do mundo.

> Cremos num só Deus, Pai, Filho e Espírito Santo, criador das coisas visíveis, como este mundo em que transcorre a nossa vida passageira, das coisas invisíveis, como os espíritos puros que recebem também o nome de anjos, e criador em cada homem da sua alma espiritual e imortal.[23]

---

20 Cf. São Tomás, *Suma teológica,* I, q. 113, a. 1.
21 Cf. At 7, 53; Gl 3, 19.
22 Cf. *Suma teológica,* III, q. 172, a. 2.
23 Na sua declaração acerca do *Novo Catecismo Holandês,* a comissão cardinalícia nomeada em 1967 por Paulo VI recorda com firmeza que a existência dos anjos é uma verdade de fé: «*É preciso* que o Catecismo declare que Deus criou, além do mundo sensível em que vivemos, o reino dos espíritos puros que chamamos anjos.» E os cardeais remetem à Constituição *Dei Filius,* cap. I, do Concílio Vaticano I, e à Constituição *Lumen gentium,* nn. 49-50, do Vaticano II.

Aqui é preciso fazer um esclarecimento. O Credo da Missa não nomeia os anjos: só os menciona implicitamente. Proclama a fé dos cristãos «num só Deus, Criador do céu e da terra, de todas as coisas visíveis e invisíveis». O Catecismo de Trento explica que, por estas palavras «céus e terra», é preciso entender tudo o que o céu e a terra encerram: o firmamento, o sol e os demais astros, as miríades de anjos; as montanhas e os vales, o mar, a vegetação, os animais e os homens. «Estas palavras de Criação do céu e da terra devem entender-se de todas as coisas. Já o profeta Davi o disse em poucas palavras: "Teus são os céus, tua é a terra; tu fundaste o mundo e tudo o que ele contém" (Sl 88, 12). Mas os Padres do Concílio de Niceia exprimiram-no de uma forma mais viva ainda, acrescentando ao Símbolo estas simples palavras: *visíveis* e *invisíveis*. Com efeito, tudo o que abarca o conjunto das coisas, tudo o que reconhecemos como a obra de Deus, ou pode ser percebido pelos sentidos, e chamamos-lhe visível, ou só se percebe pela inteligência e a razão, e nesse caso chamamos-lhe invisível.»[24] No final da sua profissão de fé, o

---

Anteriormente, numa carta dirigida ao Cardeal Alfrink, primaz da Holanda, o Papa, entre os complementos que havia de introduzir no *Catecismo Holandês*, tinha indicado «a doutrina da existência dos anjos, fundada no Evangelho e na Tradição da Igreja» (AAS 1968, p. 685).

24 *Catecismo de Trento*, parte I, comentário ao Símbolo, cap. II, n. 5. No Pai-nosso, a palavra céu abarca também o mundo dos anjos. Com efeito, quando — sempre segundo o *Catecismo de Trento* — pedimos a Deus que a sua vontade «se faça na terra como no céu», «pedimos que, se os anjos e os santos se conformam espontaneamente e com absoluto gozo à santa vontade de Deus, nós, pela nossa parte, obedeçamos gostosamente às suas ordens, e da maneira que mais lhe agrade» (Parte IV, *Da oração*, cap. 42, n. 4). Numa palavra, ao exortar-nos

Papa evoca as almas que contemplam a Deus na «Igreja do céu» onde «estão, em graus diversos, associadas com os santos anjos no governo divino que Cristo exerce sobre nós».

Governo divino: esta expressão recolhe a mesma de São Tomás, que consagra a terceira seção da primeira parte da *Suma teológica* precisamente ao governo divino (103-119). Nesta seção, a questão 113 trata da guarda dos anjos sobre os homens.[25]

Como sublinha a profissão de fé de Paulo VI, anjos e bem-aventurados estão associados «em graus diversos» ao governo de Deus sobre o mundo. Os eleitos intercedem pelos homens, enquanto os Anjos da Guarda não só rogam pelos homens, como atuam à volta deles. Se da parte dos bem-aventurados se dá uma intercessão, da parte dos anjos há uma intercessão e uma intervenção direta: são ao mesmo tempo advogados dos homens junto de Deus e ministros de Deus junto dos homens.

«O nosso desejo é que aumente a devoção aos Anjos da Guarda.» Foi para corresponder a este desejo do Papa João XXIII, embora sendo

---

para que peçamos que a vontade de Deus «se faça na terra como no céu», Cristo pede «que a vontade de Deus seja feita pelos homens como é feita pelos anjos», segundo a fórmula de Santo Agostinho. O mestre propõe-nos os anjos como modelos (cf. *De sermo Domini in monte*, I, 2, cap. IV, citado por Raïssa Maritain. *Notes sur le Pater*, p. 77).

25 Contrariamente ao uso atual, São Tomás distingue a providência e o governo divino: a providência é em Deus a concepção da ordem, enquanto o governo é o exercício dessa ordem (*Suma teológica*, I, q. 22, a. I, ad 2). A ordem é concebida exclusivamente por Deus desde toda a eternidade, ao passo que, para a sua execução no tempo, se serve Deus também do concurso dos homens e dos anjos.

simples leigo, que [26] resolvemos acometer a tarefa de escrever este ensaio sobre o papel dos Anjos da Guarda na vida cotidiana dos homens.

Jornalista, misturado continuamente nas coisas do mundo, não ignoramos certamente até que ponto a existência dos anjos é hoje discutida. Sabemos sobejamente que, ao falar na sua presença em todas as idas e vindas dos homens, nos expomos a ser classificados entre os ingênuos e atrasados.

Não importa.

Parece-nos que o fato de esta verdade salientada com energia pelos Papas contemporâneos ser discutida é um motivo a mais para dar testemunho bem alto da nossa fé na presença ativa dos Anjos da Guarda.

Deixaríamos de afirmar a existência de miríades de estrelas no firmamento porque uns míopes presunçosos se pusessem a negar a existência dos astros? Ao escrever estas linhas animaram-nos não só sacerdotes e teólogos, mas também muitos leigos, leitores de artigos que sobre os Anjos da Guarda tínhamos publicado em jornais de diferentes países. Se tal é, segundo a doutrina católica, o papel dos Anjos da Guarda na vida cotidiana, por que se fala tão raramente deles?

É possível que haja um nexo profundo entre a atual crise de fé e o declinar da crença nos anjos.

---

26   Sl 90, 11.

AO LONGO DA BÍBLIA E DA LITURGIA

Negar os anjos,[1] escreve certo filósofo cristão num movimento de santa indignação contra a conspiração de silêncio de que são hoje objeto, é arrancar uma página de cada duas da Bíblia, e isto sem falar no Ritual.[2] «Do anjo do Paraíso ao do Apocalipse, que jura que já não haverá mais tempo», escreve Paul Claudel, «do anjo que aparece a Manué até o que ilumina Zacarias, dos que fustigam Heliodoro até o que conduz o jovem Tobias, do que consola Agar até o que põe em liberdade São Pedro, toda a relação sagrada está como que percorrida por estes tremendos irmãos, instrutivos e cheios de compaixão».[3]

Com efeito, toda a Bíblia está atravessada pela presença misteriosa dos anjos. «Quase todas as páginas dos livros santos dão testemunho da existência dos anjos e dos arcanjos», afirma São

---

[1] Para prevenir toda ambiguidade possível, assinalaremos, com o Pe. Antonio Royo Marín, que a palavra *anjo* (que significa «enviado») é empregada em cinco sentidos diferentes na Sagrada Escritura. Aplica-se ao Verbo enviado pelo Pai ao mundo; a São João Batista, o Precursor; aos sacerdotes, que são como embaixadores de Deus junto do povo; aos profetas, que anunciam o porvir em nome de Deus; e, por último, aos anjos propriamente ditos, espíritos celestes enviados por Deus aos homens. Cf. *Dios y su obra,* p. 363. Nós empregamos o termo, geralmente, neste último sentido.

[2] Cf. *Bulletin du Cercle Thomiste Saint-Nicholas de Caen,* maio de 1965, p. 50.

[3] Ver a segunda nota sobre os anjos, em *Présence et prophétie,* p. 258.

Gregório Magno nas suas homilias sobre os Evangelhos. Sente-se a presença atuante dos anjos inclusive quando não aparecem visivelmente, como no Gênesis e no Apocalipse, no livro de Tobias e no dos Macabeus, nos Evangelhos e nos Atos dos Apóstolos.

«Pai que gratificação poderei dar ao jovem que me acompanhou?», pergunta o jovem Tobias no fim da viagem em que obteve o benefício da assistência do Arcanjo Rafael. «Que presente poderia igualar o bem que me fez? Ele levou-me e trouxe-me são e salvo; recebeu de Gabelo o dinheiro; fez-me tomar esposa da qual afugentou o demônio; encheu de alegria os meus pais; livrou-me a mim mesmo de ser tragado pelo peixe; a ti fez-te voltar a ver a luz do céu: por ele nós fomos cheios de todos os bens. Que lhe poderemos dar que iguale tais benefícios?».[4]

Estas frases do jovem Tobias evocam de maneira viva os benefícios materiais e espirituais que nos proporciona o Anjo da Guarda. São ao mesmo tempo uma ilustração dos versículos 11-13 do Salmo 91, em que, com poucas palavras, mas densas, se assinala a missão dos nossos custódios invisíveis: «Ele deu ordem aos seus anjos para te protegerem em todos os caminhos. Tomar-te-ão nas palmas das mãos, não aconteça ferires, nas pedras, os teus pés. Poderás caminhar por cima de serpentes e víboras, calcar aos pés leões e dragões.»

---

[4] Cf. Tb 12, 2-3.

Segundo o comentário de um Doutor da Igreja, São Roberto Belarmino, estas palavras devem ser tomadas no seu sentido literal e, também, em sentido figurado. Os Anjos da Guarda protegem os homens dos perigos físicos e cobrem-nos nos perigos morais. A Bíblia dá testemunho disso: nada do que afeta os homens deixa os anjos indiferentes; tudo o que de um modo ou de outro afeta a marcha dos homens para o seu destino eterno interessa aos anjos. Estes poderiam fazer seu o adágio de Terêncio, embora completando-o: «Somos os amigos dos homens, e nada que os afete nos é estranho.»

Desencadeamentos das forças da natureza, ataques de animais, paixões humanas, intrigas, conspirações, guerras, tudo pode ser objeto de uma intervenção decisiva do anjo, desde o momento em que o destino eterno dos amigos de Deus está em jogo. No livro de Tobias vemos o Arcanjo Rafael, sob o aspecto de um jovem companheiro de viagem, ocupar-se em curar a cegueira do velho Tobias, vítima do mais banal dos acidentes: caiu-lhe nos olhos excremento quente de um ninho de andorinhas. «Ouvimos como o mesmo Rafael dá ao jovem Tobias conselhos de moral conjugal e lhe recorda que o dever de ser agradecidos para com Deus está acima de qualquer obrigação e de qualquer afeto humanos.»[5]

---

5   Tb 11, 7.

Morrendo de sede no deserto

Em diversas ocasiões, o Antigo Testamento mostra-nos os anjos ocupados em assegurar a subsistência dos homens: um anjo surge junto de Agar e de seu filho Ismael, que morre de sede no deserto, e faz surgir ao lado deles uma fonte de água.[6] Um anjo desperta o profeta Elias que, quebrado de desalento, se tinha deitado à sombra de um junípero: «Basta Senhor, disse ele; tirai-me a vida porque não sou melhor do que meus pais.» O anjo ofereceu-lhe um pão cozido entre as brasas e um cântaro de água. Elias comeu e bebeu. Revigorado com este alimento, o profeta andou durante quarenta dias e quarenta noites até Horeb, a montanha de Deus.[7] E é também um anjo quem tomou o profeta Habacuc, encarregado de proporcionar a comida aos ceifeiros, para o transportar num abrir e fechar de olhos da Judeia a Babilônia, até a borda do fosso dos leões onde estava encerrado outro profeta: «Daniel, Daniel, toma a comida que Deus te envia.»[8] São os anjos que, durante quarenta anos, proporcionaram o maná aos hebreus na marcha para a terra de Canaã;[9] todas as manhãs, exceto aos sábados — pois a ração do sexto dia da semana era dupla —, os anjos faziam que os hebreus encontrassem

---

6   Cf. Gn 21, 19.
7   Cf. 1 Rs 19, 4-8.
8   Dn 14, 32-36.
9   Cf. Ex 16; Sl 78, 24.

depositado na areia do deserto o maná, alimento parecido à semente do coentro.

A assistência dos anjos manifesta-se de modo particular na agitada vida de Jacó. Fugindo da cólera do seu irmão Esaú, teve um sonho. Viu uma escada apoiada na terra cujo extremo superior chegava ao céu; por essa escada os anjos de Deus subiam e baixavam; ao mesmo tempo, o Senhor reconfortava Jacó, anunciando-lhe uma posteridade tão numerosa como as areias do deserto e prometendo-lhe a sua constante assistência: «Estou contigo e proteger-te-ei para onde quer que vás, e reconduzir-te-ei a esta terra.»[10]

Os anjos voltaram a aparecer a Jacó no caminho de regresso, para lhe confirmarem a assistência de Deus quando se encontrasse com Esaú, cujo ressentimento temia.[11] Jacó experimentou a tal ponto a assistência dos anjos ao longo da sua agitada existência que, antes de morrer, abençoando os seus filhos, dará graças a Deus por o ter dirigido durante toda a sua vida e ao seu Anjo por o ter protegido de todo o mal.[12]

Em repetidas ocasiões os anjos intervêm no Antigo Testamento para corrigir os homens. Assim, um anjo aparece no deserto a Agar, que tinha fugido da sua senhora Sara por causa de uma represensão e comina-a a voltar para casa da sua

---

10 Gn 28, 11-15.
11 Cf. Gn 32.
12 Cf. Gn 48, 15-16.

senhora.[13] Um anjo detém o braço de Abraão, disposto a dar o golpe de morte a Isaac atado sobre o altar.[14] Um anjo surge para dissuadir Balaão de amaldiçoar o povo de Deus.[15]

Segundo a etimologia do seu nome, os anjos são *mensageiros*. Deus envia um anjo para anunciar a Abraão o nascimento de Isaac, como enviará um anjo para anunciar a Zacarias o nascimento de João Batista. Um anjo é quem, em nome de Deus, faz as revelações ao profeta Daniel e ao profeta Zacarias, do mesmo modo como, no Apocalipse, é um anjo que revelará a João o que deve anunciar.

Tomaram-no pela mão

Quando Abraão encarregou Eliezer de procurar esposa para Isaac, exortou-o a que se confiasse ao seu anjo para superar as dificuldades desta delicada missão: «O Senhor, no caminho de quem tenho andado sempre, enviará o seu anjo contigo para que a tua viagem alcance o fim desejado...»[16] Uma fé semelhante animava o pai de Tobias, quando consolava a esposa depois de o seu filho ter partido: «Não chores [...]. O nosso filho há de voltar salvo para a nossa companhia. [...] Creio que um bom anjo de Deus o acompanha e ordena tudo

---

13 Cf. Gn 16, 9.
14 Cf. Gn 22, 12.
15 Cf Nm 22.
16 Gn 24, 40.

o que lhe diz respeito, de modo que voltará para nós cheio de alegria.»[17]

Para salvarem os seus protegidos, os anjos não se retraem ante intervenções enérgicas. Como Lot e os seus hesitassem em afastar-se antes de Sodoma ser destruída pela chuva de fogo, «dois anjos tomaram-nos pela mão, a ele e a sua mulher e às suas duas filhas, porque o Senhor queria salvá-los. E arrastaram-nos para fora da cidade».[18] Um anjo fechará as fauces dos leões famintos, em cujo fosso o rei Dario tinha mandado lançar Daniel: «o meu Deus enviou o seu anjo e fechou as fauces dos leões, que não me fizeram qualquer mal, porque a seus olhos eu estava inocente...»[19] Um poder semelhante mostram os anjos sobre as forças da natureza quando libertam os jovens hebreus lançados pelo rei Nabucodonosor no forno aceso, por se terem negado a prestar culto idolátrico à estátua de ouro do soberano. Sidrac, Misac e Abdénago foram atados e lançados no forno aceso, aquecido sete vezes acima do habitual. Os três hebreus, que tinham posto a sua confiança em Deus, passeavam ilesos no meio das chamas, enquanto as gentes do rei não cessavam de alimentar o forno com naíta, estopa, pez e lenha seca. As chamas subiram a quarenta e nove côvados acima da fornalha, desviaram-se e queimaram os caldeus que se encontravam junto

---
17   Tb 5, 26-27.
18   Gn 19, 16.
19   Dn 6, 23.

dela. «O anjo do Senhor, porém, tinha descido até Azarias (Sidrac) e seus companheiros na fornalha e afastava o fogo. Transformou o centro da fornalha em lugar onde soprava uma brisa refrescante: o fogo nem sequer os tocou e não lhes causou qualquer mal, nem a menor dor.» Transtornados por uma intervenção tão esmagadora de Deus pelo ministério de um anjo, os três jovens puseram-se a glorificar a Deus com um cântico que a Igreja incluiu na sua liturgia como oração central da hora das Laudes dos domingos e dias festivos.

Testemunha ocular deste milagre, o mesmo rei reconheceu a presença do anjo na fornalha junto dos três hebreus: «Vejo quatro homens desligados que passeiam no meio do fogo, sem lhes causar mal; o quarto tem o aspecto de um filho dos deuses... Bendito seja o Deus de Sidrac, de Misac e de Abdénago, que enviou o seu anjo para libertar os seus servos, porque puseram nele a sua confiança, expuseram as suas vidas desobedecendo às ordens do rei, não se prostrando em adoração diante de outro deus que não fosse o seu.»

Perspicácia e probidade deste monarca pagão: está impressionado pela majestade sobre-humana do anjo e rende homenagem ao espírito de fé dos três jovens, bem como à fidelidade do seu Deus. Sob o abalo deste milagre, vai ainda mais longe: «Ordeno que todo homem de qualquer povo, nação ou língua que disser algum mal contra o Deus de Sidrac, de Misac e de Abdénago seja esquartejado e a sua casa, destruída, porque não há outro Deus que assim possa salvar, senão este.»[20]

Mas, de maneira muito especial, quando está em jogo a existência do povo eleito é que Deus envia os seus anjos tão dóceis a escutá-lO, prontos a executar as suas ordens.[21] Não são os anjos «enviados para exercerem um ministério em favor dos que serão herdeiros da salvação»[22]? O faraó não cessa de pôr dificuldades para impedir que os israelitas abandonem o Egito e voltem à terra de Canaã. Para quebrar esta oposição do monarca e libertar o seu povo, Deus impõe um castigo enorme: uma noite, pela mão do seu anjo, mata todos os primogênitos dos homens e dos animais.

Depois, por ministério do seu anjo, Deus conduzirá os hebreus, durante quarenta anos, através de mil dificuldades, das margens do Nilo até à Terra Prometida. Para impedir que o exército dos egípcios ataque a retaguarda de Israel, o anjo levanta entre os beligerantes uma espessa névoa,[23] que recorda os nevoeiros artificiais das guerras modernas.

Durante o dia o anjo estendia uma imensa nuvem sobre os hebreus, para os preservar do sol, e durante a noite acendia diante deles uma coluna de fogo que os iluminava. A assistência do anjo era condicionada pela docilidade dos hebreus:

---

20   Dn 3.
21   Sl 102, 21.
22   Hb 1, 14.
23   Cf. Js 24, 7; Ex 14, 19-20.

«Vou enviar um anjo à tua frente para te proteger no caminho e para te conduzir ao lugar que preparei para ti. Respeita-o, ouve a sua voz, não lhe desobedeças. [...] Mas, se ouvires a sua voz e fizeres tudo o que te disser, eu serei inimigo dos teus inimigos e afligirei os que te afligem. O meu anjo caminhará à tua frente...»[24]

Viram aparecer um cavaleiro

Um anjo reconfortou Josué nos arredores de Jericó, prometendo-lhe a vitória, do mesmo modo como, mais tarde, um anjo preparará Gedeão e o ajudará a empreender a campanha vitoriosa contra os madianitas.

A Deus e à assistência do seu anjo atribuirá Judite o êxito da sua audaz empresa, introduzindo-se no acampamento inimigo para matar Holofernes: «Juro-vos pelo mesmo Senhor que o Seu anjo me protegeu, tanto ao partir como ao demorar-me ali, e ao voltar para aqui; e o Senhor não permitiu que a sua serva fosse manchada, mas reconduziu-me para junto de vós, livre de toda mancha de pecado, cheia de alegria pela sua vitória, pela minha evasão [do acampamento] e pela vossa libertação.»[25]

A assistência dos anjos torna-se mais visível na epopeia dos macabeus, esses resistentes que se sublevam contra a ocupação do seu país pelos

---

24 Ex 23, 20-23.
25 Jdt 13, 20.

sírios e que defendem contra a idolatria o culto do verdadeiro Deus. A Sagrada Escritura relata três fulgurantes intervenções do anjos.

Vencido pelos judeus, o general sírio Timóteo prepara uma guerra de desforra, com numerosas tropas estrangeiras e um forte contingente de cavalaria asiática. Antes de começar a batalha, os companheiros de Judas Macabeu põem-se a rezar. Suplicam a Deus que se mostre «inimigo dos seus inimigos e adversário dos seus adversários», como lhes tinha prometido.[26] No mais aceso da peleja os sírios viram aparecer, do céu, cinco homens resplandecentes sobre cavalos com arneses de ouro, os quais se puseram à cabeça dos judeus. Colocaram Macabeu no meio deles e, protegendo-o com as suas armas, estes anjos conservaram-no são e salvo. «Lançavam flechas e dardos contra o inimigo; este, cego, debandou em plena desordem.»[27]

Irritado pela derrota do general Timóteo, Lísias, primeiro ministro do rei da Síria, reuniu um exército de 80 mil homens, sem contar um esquadrão de oitenta elefantes. Pânico entre os judeus: «Quando os companheiros de Macabeu souberam que Lísias atacava as fortalezas, com gemidos e lágrimas rogavam ao Senhor, com todo o povo, que enviasse um anjo bom para salvação de Israel.» Judas Macabeu pôs-se em marcha com a sua gente. «Nas proximidades de Jerusalém, viram aparecer

---
26 Cf. Ex 23, 22.
27 Cf. 2 Mac 10.

um cavaleiro que se colocou à sua frente. Trazia vestidos brancos e brandia armas de ouro.» Reconfortados pela presença deste anjo, os soldados judeus encheram-se de coragem, «prontos a atacar não só os homens, mas também os animais mais ferozes, e a atravessar muros de ferro», observa a Sagrada Escritura.[28] Precipitaram-se como leões sobre os sírios e saíram vitoriosos. Lísias, «que não carecia de inteligência», refletiu sobre esta derrota. Compreendeu que a assistência do Todo-poderoso era o que fazia invencíveis os hebreus: Deus combatia com eles.[29]

Alguns anos depois, nova campanha dos sírios contra os hebreus, sob o comando de Nicanor. Os judeus invocam o auxílio do anjo do Senhor. A ajuda chega-lhes e proporciona-lhes nova vitória.

Nos tempos da ocupação da Judeia pelos sírios, um anjo intervém de um modo espetacular no dia em que Heliodoro, primeiro ministro do rei Seleuco IV, tenta apoderar-se do tesouro do Templo.

Toda a Jerusalém estava consternada e clamava pela ajuda de Deus. Incomovível ante este espetáculo, Heliodoro penetra no Santuário e chega diante da câmara do tesouro. Então o Senhor dos espíritos manifesta o seu poder absoluto: apareceu-lhe um ginete terrível, montado num cavalo adornado com um riquíssimo arnês, que

---

28 2 Mac 11, 9. Perseguindo os ingleses em Beauce, Joana d'Arc exclama: «Se estivessem pendurados das nuvens, seriam nossos» (Paul Doncoeur, *Paroles et letres de Jeanne la Pucelle*, p. 73.

29 Cr. 2 Mac 11.

arremeteu contra Heliodoro, arrojando-o da sua montada. Apareceram também outros dois jovens de grande formosura, fortes, cheios de majestade, magnificamente vestidos, os quais açoitavam Heliodoro sem cessar. Assim, a irrupção fulgurante dos três anjos salvou o tesouro do Templo.[30]

As intervenções dos anjos no Novo Testamento são-nos mais familiares.

Os anjos anunciam a Encarnação do Verbo a Maria, o seu nascimento aos pastores, a sua ressurreição às santas mulheres e, aos apóstolos, a sua vinda triunfal no final dos tempos. Os anjos servem Jesus depois das tentações no deserto, e um anjo conforta-o no Horto de Getsêmani. O mesmo Jesus fala dos anjos em diversas ocasiões: dos anjos dos meninos, que unem a contemplação do rosto de Deus com a guarda dos seus protegidos; da alegria dos anjos ante a conversão dos pecadores; das legiões de anjos capazes de o defender no momento da sua prisão; das miríades de anjos que hão de acompanhar Cristo-Juiz no fim dos tempos; dos anjos que reúnem os eleitos e apartam os réprobos; da vocação dos homens chamados a compartilhar no céu da vida dos anjos.

É notável o papel dos anjos na vida de São José. Aparecem-lhe em sonhos nas etapas decisivas da sua vida, para o animar a tomar por esposa Maria de Nazaré, a fugir para o Egito a fim de salvar o Menino da fúria do rei Herodes e, por último,

---

30 Cf. 2 Mac 3.

depois da morte do rei, a que volte primeiro para a terra de Israel e depois para Nazaré.

Os anjos intervêm visivelmente nos começos da Igreja: libertam primeiro os apóstolos prisioneiros dos judeus; depois a São Pedro, aprisionado pela segunda vez. Intervêm para orientar para os gentios o ministério dos apóstolos e dos seus colaboradores. Um anjo leva Pedro a pôr-se em contato com Cornélio, centurião romano da guarnição de Cesareia, a batizá-lo a ele e aos seus. Um anjo pede ao diácono Filipe que vá ao caminho de Jerusalém a Gaza, a fim de iniciar na fé um africano, o ministro da rainha Candace da Etiópia. E um anjo, em Tróade, sob o aspecto de um homem da Macedônia, apresenta-se numa visão durante a noite a Paulo, suplicando-lhe que atravesse o mar e leve o Evangelho a terras da Europa: «Passa à Macedônia e acuda-nos.»[31]

Reconquistar uma terra invadida

Precisamente porque, ao lado dos autores inspirados da Bíblia e de toda a tradição cristã, vê nos anjos os protetores natos, os conselheiros e os guias dos homens no caminho para um destino eterno, a Igreja, na sua liturgia, confia os seus filhos à guarda dos anjos. Esta guarda não é um acréscimo às estruturas da economia da salvação;

---

31 É a interpretação de Cornélio a Lápide, que cita uma aparição angélica parecida na vida de São Francisco Xavier, antes da sua partida para a Índia (cf. *Comentário aos Atos dos Apóstolos*, 16, 9).

é, antes, uma das suas articulações essenciais. Pelo ministério dos anjos é como normalmente Deus, fonte de todo o bem, faz chegar as suas luzes aos homens.

Se é certo que a hora das Completas se inicia com uma recordação do demônio, que como um leão que ruge está à espreita da sua presa, vai e vem ao redor dos homens, para ver a quem devorar, também é certo que termina com uma invocação aos Anjos da Guarda, chamados a contra-arrestar as negaças de Santanás e a habitar na mansão dos homens para os guardar em paz.

São numerosas — e talvez pouco conhecidas — as passagens do Evangelho que nos mostram Cristo como um chefe ocupado em reconquistar uma terra invadida pelo seu inimigo: Santanás, o príncipe deste mundo. Igualmente são numerosas as orações do Ritual que suplicam a Deus que expulse os demônios e substitua a influência tirânica que exercem sobre os homens e as coisas pela presença libertadora dos anjos.

Por exemplo, quando abençoa um estábulo, o sacerdote pede ao Senhor que defenda o lugar de todas as maldades e de todas as astúcias do diabo. Quando abençoa animais doentes, a Igreja ora para que «cesse toda a influência do poder de Satanás sobre eles». Enfim, quando vai abençoar os campos, os pastos, os pastios, suplica a Deus que a expulsão dos demônios traga consigo a vinda dos anjos: *fuga daemonum, ingressus angelorum*. Os anjos maus põem-se em fuga; os anjos bons entram.

«Dignai-vos enviar do céu o teu bom anjo, para que guarde e defenda esta ponte e a todos os que a atravessem», roga a Igreja quando benze uma ponte. Como um chefe militar, situa nela um anjo para a defesa dos que por ali transitem.

«Escutai-nos, Senhor, Pai Santo, Deus Todo--poderoso e eterno, e dignai-vos enviar-nos do céu o vosso santo anjo para que vele sobre todos os que se encontram neste santo lugar, para que os ampare e os proteja, para que os guarde e defenda.» Esta oração do Missal que termina o *Asperges* do Domingo antes da Missa paroquial volta a encontrar-se com ligeiras variantes em muitas fórmulas do Ritual; por exemplo, para a benção de uma tipografia, de uma casa ou de uma escola: «que os anjos guardem esta escola, com os seus mestres e alunos». Quando abençoa uma mãe que está para dar à luz, o sacerdote pede a Deus que afaste dela «todas as ciladas» do que é o inimigo dos homens por excelência. O Ritual aplica à benção das crianças a oração da festa dos Anjos da Guarda: «Ó Deus, que com inefável providência te dignas enviar os teus santos anjos para a nossa guarda, concede aos que te imploram que sejamos sempre defendidos pela sua proteção e gozemos da sua companhia.» Do mesmo modo, o Ritual se serve da oração da festa de São Miguel para a benção das crianças doentes: «Ó Deus, que com ordem admirável distribuis os diferentes ministérios dos anjos e dos homens, concedei que a vida desta criança seja defendida na terra por aqueles que no céu vos assistem e vos servem.»

Os milagres da técnica não tornam supérflua a assistência do Anjo da Guarda, posto que nos preserva de todos os acidentes. Pensemos na Apolo 13, que não pôde chegar à Lua; nos submarinos que não voltam às suas bases; nos aviões que se esmagam contra o solo; nos trens que descarrilam, apesar dos dispositivos de segurança. «Situai, Senhor, nestas carruagens os vossos santos anjos para que guardem os viajantes de todos os perigos», roga a Igreja quando benze as carruagens dos trens. Na benção de um navio o sacerdote pede a Deus que envie o seu anjo do céu para que proteja a embarcação e a defenda de todos os males, com as pessoas que há de transportar. «Indicai o vosso anjo como companheiro de caminho aos que viajam pelas rotas dos ares, para que os guarde e cheguem sãos e salvos ao seu destino», lemos na benção dos aviões.

De igual maneira, a oração da Igreja, quando de uma peregrinação ou excursão, pede «que na companhia dos seus santos anjos, os fiéis possam chegar sem estorvo ao lugar aonde se dirigem e, por último, ao porto de salvação eterna».

Se não se tivesse em conta a energia atômica...

Numa oração de excepcional densidade, a anáfora de São Cirilo de Alexandria afirma a universalidade da proteção dos anjos. Esta proteção abrange toda a vida do homem: «Tem piedade, Senhor, dos fiéis aqui presentes e, pela virtude da tua Santa Cruz e pela guarda dos anjos, livra-os de todos os perigos e de toda necessidade: incêndios, inundações, frios, bandidos, serpentes, feras selvagens, ataques e ciladas do demônio, doenças.»[32]

Não. Aos olhos da Igreja Católica, intérprete segura da Revelação, os Anjos da Guarda não são nem vagos voláteis celestes, nem seres etéreos indefinidos, nem entidades inacessíveis ou meros símbolos. São seres reais, personalidades poderosas, espíritos puros que, quando aparecem aos homens tomando formas visíveis, provocam quase sempre sentimentos de temor ou de admiração, de acordo com os múltiplos testemunhos da Sagrada Escritura.

Prova de fé dava, e de bom sentido, São Pedro Fabro, um dos primeiros discípulos de Santo Inácio, quando, enviado em missão à Mogúncia, antes de se instalar numa casa e num bairro de não boa fama, pôs-se a livrar os locais da ocupação dos anjos rebeldes e a instalar os santos anjos como guardiões invisíveis.

> Em cada divisão da casa, disse de joelhos esta oração: «Rogamos-te, Senhor, que visites esta morada; afasta dela todas as ciladas do inimigo, para que os teus santos anjos a habitem e nos guardem em paz, e que a tua benção esteja sobre nós para sempre; por Cristo Nosso Senhor.» Fiz isto com verdadeira devoção e com

---
[32] *Prex eucharistica, textus e variis liturgiis antiquoribus selecti,* por Anton Hänggi e Irmgard Pahl, Friburgo, 1968, p. 341.

o sentimento de que era conveniente e bom atuar assim ao entrar pela primeira vez em algum lugar.

A seguir invoquei os Anjos da Guarda dos vizinhos e senti que isto também era conveniente e bom quando se muda de bairro. Rezei para que os meus companheiros de habitação e eu não tivéssemos de padecer nenhum mal da parte dos espíritos maus vizinhos, e de modo especial desse espírito de fornicação que certamente deve encontrar-se com as prostitutas, os adúlteros e os viciosos de cuja existência no bairro tive notícia.[33]

Reação de um medroso? Ocorrências de um visionário? Práticas de um clérigo supersticioso? Não. Atitude clara de um homem de Deus cuja fé lúcida capta as realidades — a garra dos demônios e o poder dos anjos — que escapam mais ou menos às pessoas que não têm uma visão tão penetrante dos homens e das coisas.

Devemos concordar com que as medidas tomadas por São Pedro Fabro no bairro de má fama de Mogúncia são bastante excepcionais. Não porque se afastem do pensamento e da tradição autênticos da Igreja, mas porque estão de acordo com eles tão lucidamente e com tanto rigor que são pouco frequentes entre os cristãos, para o prejuízo deles mesmos.

Como assinala o liturgista alemão Johannes Wagner numa conferência sobre «os anjos na vida moderna», o atual desapego do mundo invisível não é certamente um progresso para a humanidade: «O fato de o homem moderno,

---

33 *Memorial*, 1º de abril de 1543 (*Collection Christus*, n. 4, Paris, 1959, p. 325).

e inclusive o cristão, não ter já consciência, ou não a ter plenamente, da existência dos anjos, nem afoga essa existência nem destrói esse poder. Pelo contrário, esta ignorância empobrece o espírito do homem e chega mesmo a enervá-lo. Expõe-no a graves perigos e priva-o de uma ajuda poderosa.» E o autor ilustra o seu pensamento com esta comparação: «A energia atômica existia desde o princípio da criação do mundo material, muito antes de que o homem sequer suspeitasse da sua existência. Do mesmo modo, os anjos existem desde o começo da criação do mundo espiritual. E continuarão a existir sempre, ainda que a humanidade ignore a sua existência durante milhões de anos.»[34]

O mundo moderno não ganharia nada, e perderia muito, caso se comportasse como se a energia atômica fosse um mito ou a ideia de alguns exaltados. Do mesmo modo, o cristão não ganha nada conduzindo-se como se presenças amigas invisíveis, enviadas por Deus, não o seguissem em todas as suas idas e vindas, dispostas a defendê-lo e a iluminá-lo. Com esta conduta o cristão perderia muito em todos os níveis do seu ser e em todos os campos da sua atividade.[35]

---

[34] *Die Engel in der Welt von heute,* escritos publicados por Theodor Bogler, Maria Laach, 1960, p. 11.

[35] «Quando Deus vem para os homens, quando vem do céu, quer dizer, desse lugar superior da Criação que é o céu, para a terra, está acompanhado ou vem com os seus anjos, que dispensam as suas liberalidades, que são os ministros da sua vigilância e da sua solicitude para conosco» (J. Bosc, *Anges, démons et êtres intermédiaires,* Paris, 1968, p. 199).

AQUI EMBAIXO NUNCA SABEREMOS

Alguns leitores terão se surpreendidos ao ouvir o Papa Paulo VI afirmar o papel dos anjos no governo divino. Terão estranhado a intimidade de Pio XI com o seu Anjo da Guarda e o convite que Pio XII dirigia aos fiéis para que vivessem, já aqui na terra, uma intimidade familiar com os seus futuros companheiros de eternidade. E a sua estranheza não terá sido menor ao ver João XXIII, o Papa da renovação da Igreja, exprimir o desejo de que a devoção aos Anjos da Guarda vá crescendo nos fiéis.

Este processo exige um melhor conhecimento da natureza dos anjos e da sua missão. Ora, é difícil ter uma ideia exata dos anjos — e ainda o é mais falar deles com acerto. São seres puramente espirituais, que os nossos olhos de carne nunca viram e cuja existência só a fé nos revela.

Se já é difícil escrever a vida dos santos, cujo pensamento e cuja atuação se elevam acima do nível corrente, como falar dignamente destes seres incorpóreos que derramam inteligência, força e amor?

Um fato que põe de relevo estas dificuldades: apesar de ter escrito vários tratados sobre os anjos, no final da sua vida São Tomás confessará que na terra não podemos conhecer exatamente o que os anjos são.[1] Efetivamente, «porque as substâncias angélicas são superiores à nossa inteligência, esta não saberia apreendê-las tal como são em si».[2]

São João Crisóstomo era da mesma opinião. Explicava aos fiéis de Constantinopla: «A essência da nossa alma, não a poderemos conhecer exatamente, ou melhor, ignoramo-la totalmente. Qual é substância da alma? É ar? Vento? Um sopro? Uma chama? Nada disso, por certo, pois tudo isso é corpo, e a alma é incorpórea.» Não conhecemos a essência da nossa alma... e desejaríamos conhecer a natureza dos anjos? «Apesar de todas as nossas investigações, não podemos conhecê-la.»[3]

Quanto a São Bernardo, autor de páginas esplêndidas sobre os anjos, ele reconhece a sua incapacidade para falar dignamente deles: «Que poderei dizer dos espíritos angélicos, eu que não sou mais do que um pobre verme?»[4] Quando muito, poderemos fazer algumas conjeturas sobre o seu ministério e a sua hierarquia, inspirando-nos nos nomes que a Sagrada Escritura lhes dá.[5]

O mestre Juan Tauler faz-se eco destas importantes declarações no seu sermão sobre os santos anjos: «Não sei em que termos se pode

---

1 Cf. *Quaestiones quodlibetales*, III, q. 3, a. 7.
2 *Suma teológica*, I, q. 50, a. 2.
3 Veja-se a *Homilia contra os anomeus*.
4 Primeiro sermão na festa de São Miguel.
5 Cf. *De consideratione*, L. V, cap. IV.

e se deve falar destes espíritos puros, pois não têm nem mãos nem pés, nem rosto, nem forma, nem matéria; o espírito e o pensamento não podem captar um ser que não tem nada disso: como, pois, se poderia falar do que são? Não podemos conhecê-los, e não é de estranhar, posto que não nos conhecemos a nós mesmos. Não conhecemos o espírito que nos faz homem e do qual recebemos tudo o que temos de bom; como poderíamos, pois, conhecer estes espíritos superiores cuja nobreza está muito acima de tudo o que pode apresentar o mundo inteiro?»[6]

Reflexões de astronautas

A estas dificuldades, que são as de sempre, posto que se referem à mesma natureza dos anjos, a atual crise de fé vem acrescentar outras novas. A astronauta soviética Valentina Tereskova declarou numa viagem a Itália: «Todos os astronautas da União Soviética são comunistas e ateus. Nenhum de nós viu no cosmos nem anjos nem arcanjos, e penso que os nossos colegas dos Estados Unidos também não os viram no espaço.» Interrogado acerca desta declaração, o astronauta americano McDivitt, que é cristão, fez a seguinte observação: «Parece-me que não há diferença entre "aqui embaixo" e "lá em cima". Se você vive aqui embaixo uma relação de intimidade com os anjos e com

---

[6] *Sermons de Teuler*, ed. Hugueny, Théry et Corin, t. III, pp. 129-130.

Deus, também lá em cima viverá essa intimidade. Se não sente a sua presença na terra, também a não sente na Lua ou em Marte.»[7]

Com efeito, os progressos científicos têm embriagado a muitos e têm-nos levado a não admitir mais do que a existência das realidades acessíveis às suas investigações. Esta bobagem contagia inclusive os fiéis. Hoje, um católico que acredita nas realidades cuja existência só é testemunhada pela fé pode parecer, inclusive entre os seus correligionários, um retrógrado ou um ingênuo, algo assim como um adolescente que ainda acreditasse na cegonha que traz os bebês.

Repetidas vezes Paulo VI denunciou os perigos do «espírito técnico»: «O domínio sobre as coisas e sobre as forças naturais, a primazia outorgada à atividade prática e útil, a organização totalmente nova da vida como consequência das múltiplas aplicações da técnica, tudo isso suprime no homem a recordação de Deus afoga nele a necessidade da fé e da religião. Já Pio XII, na sua radiomensagem de 1953, falava do "espírito técnico" que impregna o espírito moderno.» Considera-se o aproveitamento máximo das forças da natureza como o ideal supremo da vida humana. A concepção técnica da vida converte-se assim numa forma concreta do materialismo.[8]

Ao «espírito técnico», ele acrescenta uma dificuldade de ordem puramente psicológica:

---

7   *Nostro Tempo,* Turim, 22-X-1967.
8   Cf. Paulo VI, Discurso na audiência geral, 12 de junho de 1968.

a repugnância difusa pelo raciocínio abstrato. O homem de hoje adquire os seus conhecimentos principalmente pelos sentidos — vivemos numa civilização da imagem, enquanto a fé exige o emprego do espírito, pois só este chega às realidades inacessíveis aos sentidos. Assim, o ato de fé tornou-se atualmente mais difícil, inclusive a nível sociológico.[9] A metafísica está em crise.

Além disso, observa também o Santo Padre, o turbilhão da vida moderna atrai e arrasta de tal modo os homens de hoje, impressiona-os de tal forma, empanturra-os a tal ponto de imagens, de pensamentos, de paixões, de desejos, de satisfações, de agitação, que não lhes resta tempo para escutar a palavra de Cristo. E, se alguma coisa ouvem na escola ou na Igreja, é para eles um tema tão difícil, tão incoerente, tão aparentemente inútil, que com frequência experimentam mais aborrecimento que satisfação, tiram dele mais ideias estranhas que luz para iluminar as suas almas e as suas vidas.[10]

O espírito de «contestação» veio também agravar estas dificuldades da fé. «Assistimos aqui e ali não tanto a uma contradição brutal, mas ao debate acerca de certas verdades doutrinais: o pecado original, os milagres, até mesmo os de Jesus; a virgindade perpétua de Maria; inclusive a Ressurreição de Jesus Cristo, fundamento de toda a nossa fé. Esta "contestação" mais ou menos

---

9   Cf. Paulo VI, Discurso na audiência geral, 30 de outubro de 1968.
10 Cf. Paulo VI, Discurso na audiência geral, 31 de maio de 1967.

manifesta é uma infidelidade ao ensino mais claro da Igreja.»[11] «No mundo do pensamento duvida-se atualmente de tudo; por conseguinte, também da religião», afirma Paulo VI. «E parece que o espírito do homem moderno não encontra repouso senão na negação total, no abandono de toda certeza, de toda crença, do mesmo modo como um homem afetado de uma doença nos olhos não encontra repouso senão na obscuridade.»[12]

Passado de moda

Como estranhar, então, que, obrigados a viver num clima semelhante, os cristãos encontrem dificuldades para acreditar na existência dos Anjos da Guarda? Como estranhar que num mundo embriagado pelos progressos da técnica pareça não haver lugar para a ação dos anjos? E como estranhar que autores doentes de dessacralização reduzam a mitos ou a símbolos as intervenções dos anjos na Sagrada Escritura? Entre os dois extremos opostos — a plena aceitação da angeologia tradicional da Igreja e a sua negação não menos plena — há uma posição intermédia, meio afirmativa, meio negativa, como o cinzento entre o branco e o negro. Dado que o calendário litúrgico contém festas de anjos, que os Prefácios da Missa os mencionam, que o Pai-nosso faz alusão a eles como modelos de obediência à vontade de Deus,

---

11 Cardeal Renard, entrevista para *La Croix*, 30 de junho de 1967.
12 Discurso na audiência geral, 14 de junho de 1967.

que todas as noites a oração das Completas invoca expressamente a proteção dos Anjos da Guarda, não se negará a sua existência nem a sua missão. Mas recitar-se-ão essas orações sem inteligência e sem coração, como um aparelho que reproduza mecanicamente um texto gravado. Imitar-se-á o psitacismo daquela mulher a quem o pensamento da morte arrepiava, mas recitava diariamente três partes do Santo Rosário.

— Mas, minha querida — disse-lhe uma amiga —, por que tens tanto medo à morte, se amas a Virgem e todos os dias lhe pedes 150 vezes a graça de uma boa morte?

— Eu pedir a graça de uma boa morte? Nunca! Só a palavra «morte» me causa espanto.

— No entanto, dizes em cada Ave-Maria: «Rogai por nós, pecadores, agora e na hora da nossa morte.» Cada Rosário tem cento e cinquenta Ave--Marias. Faz a conta...

Quantos clérigos, que fazem um gesto de incredulidade quando ouvem os leigos falar dos anjos, invocam todas as noites, talvez inconscientemente, ao recitarem Completas, a assistência dos Anjos da Guarda...

Espantosamente amaneirados

Há ainda mais um responsável do declinar da fé nos anjos: certa arte religiosa adulterada, cujas realizações mais atraiçoam do que traduzem a natureza dos anjos.

Compreende-se bem que determinadas representações dos anjos possam afastar os fiéis da devoção angélica.[13] Os anjinhos carnudos ou adocicados são uma odiosa caricatura, assim como aquelas Virgens ridículas ou de massa são uma paupérrima representação da Mãe de Deus.[14] Até que ponto estes anjos amaneirados se afastam das aparições angélicas relatadas em Daniel ou pelo autor do Apocalipse! Tais aparições produzem espanto![15] Diante delas, o profeta e o evangelista prostram-se de rosto em terra. O choque recebido por São João é tal que o Apóstolo acreditou encontrar-se na presença da divindade. O anjo convida-o a levantar-se e a reservar só para Deus esses gestos de adoração.[16]

«Se é certo que a arte não é necessária para a piedade dos santos, é, no entanto, necessária para

---

13   Os diminutivos utilizados em certas línguas para designar o Anjo da Guarda não são, certamente, os mais apropriados para inspirar respeito e confiança: assim, por exemplo, a expressão italiana *angelino custode,* ou a palavra alemã *Schutzengelein.*

14   Seria cair no outro extremo varrer da piedade cristã todas as representações sensíveis dos anjos. «A astúcia do demônio consiste precisamente em arrebatar aos luteranos tudo aquilo que poderia despertar neles o amor a Deus», como as imagens religiosas, escreve Santa Teresa de Ávila (*Relación* XXIII).

15   São Tomás destaca a diferença entre Zacarias e a Virgem Maria, objetos um e outra de uma aparição do Arcanjo Gabriel: «À vista do anjo, Zacarias perturbou-se, e o espanto apoderou-se dele (Lc 1, 12)», enquanto Maria «perturbou-se, e discorria pensativa sobre que saudação seria esta (Lc 1, 29)». Alguns, comenta São Tomás, «pensam que a Bem-aventurada Virgem, acostumada como estava às aparições angélicas, não se perturbou de modo algum ao ver o anjo, mas surpreendeu-se ao ouvir tudo o que o anjo lhe dizia, pois não tinha tão alto conceito de si. Segundo diz o Evangelista, não foi pela vista do anjo, mas "pelas suas palavras", que a Virgem se perturbou» (*Suma teológica,* III, q. 30, a. 3, ad 3).

16   Cf. Ap 19, 10.

a nossa, para a piedade do povo fiel a que pertencemos», escreve o Cardeal Journet. «Conheço homens a quem a harmonia da catedral de Chartres os ajuda a rezar com o espírito aberto. Também sei que as representações espantosamente amaneiradas de São José, de São Luís Gonzaga, de São Francisco de Sales..., que viam todos os dias durante a sua infância, os encheram de prevenções impossíveis de desenraizar contra estes santos cuja energia e magnanimidade são admiráveis.»[17]

Pela voz do Concílio de Fermo (1726), a Igreja viu-se na necessidade de prevenir contra os perigos da beleza lasciva de certas obras de arte que representavam anjos. Pelo contrário, viu-se como os anjos das catedrais góticas e os de Fra Angelico incitam à oração. «A devoção dos anjos alimenta-se necessariamente ao tomar contato com estas obras. Só ao contemplá-las nos sentimos mais puros, mais desejosos de ver e amar a Deus.»[18]

É preciso reconhecer, não obstante, que não é fácil para um pintor ou para um escultor representar um anjo. À parte as eminentes qualidades técnicas e artísticas e os sólidos conhecimentos religiosos, far-lhe-ia falta, para se sair bem do intento, certa intimidade familiar com esses seres espirituais.

Tivemos ocasião de nos relacionar em Roma com uma mulher pintora que exercia a sua arte como apostolado na República Popular da

---

17   *Les images*, 1950, pp. 28-29.
18   Joseph Duhr, artigo «Anges», em *Dictionnaire de spiritualité*, col. 621.

Alemanha Oriental. Antes de lançar mão dos pincéis, ela passava períodos de oração diante do Sacrário. Apoiadas assim na oração, as suas obras levam à oração. Eram muitas as encomendas que recebia de paróquias. Esta senhora poderia estabelecer-se facilmente na Áustria ou na Alemanha Ocidental e conseguir uma excelente situação econômica. Preferia levar uma existência clandestina na Igreja do silêncio, persuadida justamente de que a arte sacra era um auxiliar precioso para resistir espiritualmente ao materialismo ateu.

A química substitui a oração?

A aparente inutilidade dos anjos é outra fonte de dificuldades para que se creia na sua existência. O homem moderno julga poder extrair por si só, das forças da natureza, o que antes esperava das intervenções do alto. «Antigamente», dizia um pregador que se considerava avançado, «os camponeses faziam procissões de súplicas para terem boas colheitas. Hoje já evolucionaram e empregam adubos». A química substituiu com vantagem a oração...

Faz-se um raciocínio análogo a propósito dos anjos. Os dispositivos de segurança, os seguros de doença e de acidentes, os serviços de polícia, os progressos da medicina etc., tudo isso parece proteger suficientemente o homem moderno contra os infortúnios da vida. Assim, pois, já não há lugar para Deus e seus anjos nas dificuldades da vida diária. Como se Deus não tivesse advertido os homens de que se afanam em vão se o Senhor não sustenta os seus esforços.[19] É porque os adubos protegem o campo do granizo e das geadas, das inundações e das secas? Quer se queira quer não, no fim de contas, «os bens e os males, a vida e a morte, a pobreza e a riqueza, tudo vem de Deus».[20]

Se no passado se exagerou num extremo, seria bom não cair no extremo oposto. Se ontem alguns cristãos concediam demasiado aos anjos, sem dúvida que hoje se lhe dá demasiado pouco. Sejam quais forem os descobrimentos da ciência, o princípio de São Tomás mantém-se: para todas as suas intervenções materiais no universo, Deus serve-se do ministério dos anjos.[21] São como os braços e as mãos de Deus.

«Ministério»: esta palavra encerra a solução para outra dificuldade: achar que o anjo estaria em competição com Deus. A ideia desta interferência

---

19 Cf. Sl 126.
20 Eclo 11, 14.
21 *Suma teológica*, Supl., q. 76, a. 3. *Comentários às Epístolas de São Paulo, ad Eph*. 1, 21. «Alguns anjos aparecem no Apocalipse como postos à frente dos fenómenos da natureza», escreve o Cardeal Journet (*L'Eglise du Verbe Incarné*, t. III. p. 237). Cita, entre outros, estes textos de Orígenes e de Santo Agostinho: «Em razão da ordem do universo, um anjo preside à terra, outro às águas, outro ao ar, um quarto ao fogo; e assim sua influência estende-se a toda a ordem dos viventes, das plantas e, inclusive, dos corpos celestes» (Orígenes, *in Jerem.*, hom. X, n. 6; PG 13, col. 365); «Aos anjos celestes, que possuem a Deus na humildade e o servem na bem-aventurança, está submetida toda a natureza corporal e toda a vida irracional» (Santo Agostinho, *De Genesi ad litteram*, L. VIII, cap. 23. n. 44).

No entanto, precisa o Cardeal Journet, «esta ação dos anjos, como a da nossa liberdade, pode exercer-se sem atentar no mínimo contra as leis do universo».

levaria pura e simplesmente a eliminar o anjo por ser um comparsa que estorva.

Um exemplo? O Papa João XXIII gostava de atribuir à inspiração do seu Anjo da Guarda os pensamentos acertados que lhe vinham ao longo do dia. Poderia dizer-se: não é isto um exagero piedoso ou um simples modo de dizer, posto que, segundo a oração da Missa para pedir a paz, é de Deus mesmo que nos chegam «os desejos santos, os conselhos sábios e as obras boas»? Numa palavra, de duas uma: ou estas inspirações provêm de Deus ou provêm do Anjo da Guarda. Por que não haveriam de vir, por títulos diferentes, de Deus e do Anjo ao mesmo tempo? Por que não ver em Deus a sua fonte e no anjo o seu canal? Entre a fonte e o canal não há oposição nem interferência, mas continuidade e colaboração. Reconhecer o papel secundário do canal não é negar a função primordial da fonte.

Sem se elevar à atmosfera

Uma noção mesquinha de Deus que vê nEle mais um justiceiro do que um Pai pode também abalar a fé na guarda dos anjos. Como se poderia achar que um Deus terrível confiasse amorosamente cada homem a um anjo que o acompanhasse em todas as suas idas e vindas? Para compreender este gesto de um Deus que é amor, «num mundo corrompido em que tudo se vende e compra» (Pio XI), e para não medir os atributos divinos pela superficialidade das virtudes humanas, importa saber elevar-se acima das noções correntes. É árduo. Não é corrente. É mesmo impossível para as forças humanas sozinhas. Para conseguir esta superação, o homem necessita de uma energia sobrenatural. «São pouco correntes as almas que não medem a bondade divina segundo os seus curtos pensamentos», poderíamos dizer com Santa Teresa de Lisieux.

Com efeito, o homem não se decide a admitir que Deus confia a guarda de cada criatura humana a um desses seres resplandecentes de inteligência, de força e de beleza. Só um espírito iluminado pela fé viva pode admitir este prodígio de amor que arrebatava São Bernardo: «Trata-se de um maravilhoso efeito da sua bondade e um dos maiores testemunhos do seu amor que podemos receber.» Deus manda aos seus anjos, «a esses espíritos tão elevados, tão felizes, tão próximos dEle, tão unidos a Ele, tão submissos a Ele, seus verdadeiros amigos e familiares: e para nosso benefício manda-os descer à terra. As misericórdias infinitas de Deus obrigam-nos a cantar os seus louvores e a anunciar as suas maravilhas aos filhos dos homens».[22]

Por que poderíamos estranhar que Deus destine os anjos ao serviço do homem — interroga-se o Abade de Claraval — se lhes enviou o seu próprio Filho? «O mesmo rei dos anjos veio não para ser servido, mas para servir e para dar a vida

---

22 Sermão 12 sobre o Salmo *Qui habitat.*

por uma multidão de homens.» Ao revelar-nos a bondade incomensurável de Deus, o dogma da Encarnação e da Redenção projeta maior luz sobre o ensinamento da Igreja no que se refere à guarda dos anjos.

Quanto mais tomemos as ideias de um mundo secularizado como critério da verdade religiosa, mais problemática se nos fará a existência dos Anjos da Guarda. Pelo contrário, quanto mais tomemos como regra a palavra de Deus, tal qual a interpreta a Igreja Católica, mais se verão solucionadas as dificuldades. Uma fé vigorosa as esclarecerá, como o vento dissipa a névoa. «Há nesse ambiente muitas ocasiões de te desviares? — De acordo. Mas por acaso não há também Anjos da Guarda?»[23]

Junto ao incompreensível amor de Deus pelos homens, a fé revela-nos também a sua sabedoria e o seu poder infinitos, que se refletem no mundo dos anjos. Poderíamos dizer, aplicando à existência dos anjos, o que São Tomás canta da Presença real: «Se falham os sentidos, a fé basta, por si só, para dar firmeza a um coração sincero»:

Et si sensus deficit
Ad firmandum cor sincerum
Sola fides sufficit.[24]

A fé basta, ao passo que todos os demais motivos por si sós não são suficientes para estabelecer

---
23 São Josemaria Escrivá, *Caminho*, Quadrante, São Paulo, 2023, n. 566.
24 Hino *Pangue lingua*.

com certeza a existência dos anjos. Em última análise, não é porque *convém* que haja criaturas espirituais entre Deus, espírito incriado, e os homens, compostos de corpo e de espírito, que o cristão crê na existência dos anjos. Também não é porque em religiões não cristãs, antigas e modernas, se encontrem algumas equivalências de anjos bons e maus, possível sobrevivência de uma revelação primitiva, pelo que acreditamos nos Anjos da Guarda. Acreditamos porque a Igreja, fiel intérprete da Revelação, apresenta a sua existência e a sua atividade como uma verdade revelada pelo próprio Deus. «Só pela fé conhecemos a existência dos anjos», afirma Santo Agostinho.[25]

Para ir ao encontro dos anjos não é necessário subir à estratosfera. Pode-se subir até lá sem os encontrar. Para os escutar e encontrar basta elevar-se ao plano sobrenatural. Então os percebemos com o que o mesmo Santo Doutor chama «os olhos da fé».

Uma preocupação excessiva por não chocar a consciência moderna pode levar o cristão a voltar as costas à luz que Deus nos oferece na Revelação e a ficar, assim, nas trevas da ignorância e do erro, quiçá até a ofender a Deus por se negar a aderir à sua palavra.[26] Pôr em dúvida a veracidade de Deus é blasfemar.[27]

---

25 *Enarr. in Ps* 103, sermão 1, 15.
26 Cf. R. Vancourt, em *France catholique,* 10-III-67: «Satan existe-t-il?».
27 *Suma teológica,* II-II, q. 13, a. 1.

O espírito de conformismo com um mundo secularizado pode levar a tristes abdicações. Para agradar aos homens de pouca fé, alguns católicos não hesitarão em desagradar a Deus. Esquecem São Paulo: «Se agradasse ainda aos homens, não seria servo de Cristo.»[28] Pelo contrário, parecem dizer: «Se estivesse ainda na disposição de aceitar todos os pontos da doutrina da Igreja, deixaria de agradar ao mundo.»

Dar caça aos anjos

Um último capítulo de dificuldades pode basear-se na própria Sagrada Escritura, quando fala da atividade dos anjos. Paulo VI assinala que «as dificuldades para a fé provêm também dos estudos filosóficos, exegéticos, históricos aplicados a esta primeira fonte da verdade revelada que é a Sagrada Escritura. Privado do complemento que lhe proporciona a Tradição e a assistência autorizada do Magistério da Igreja, até o mesmo estudo da Bíblia está cheio de dúvidas e de problemas que mais desconcertam a fé do que a reforçam.»[29]

---

28 Gl 1, 10.
29 Discurso de 30-X-1968 sobre a situação dramática da fé. O Papa acrescentava: «Deixado à iniciativa individual, o estudo da Bíblia gera um tal pluralismo de opiniões que a fé se vê abalada na sua certeza subjetiva e despojada da sua autoridade social. Daí concluir-se que tal fé põe obstáculos à unidade dos crentes, quando deveria ser a base da convergência de pensamentos e de espíritos: *não há mais que uma só fé* (Ef 4, 5).» É necessário assinalar que estas palavras de Paulo VI não são uma condenação global dos estudos exegéticos modernos, como alguns quiseram pretender. O que o Sumo Pontífice rejeita é uma exegese que se furta à luz da Tradição e do Magistério da Igreja. «É evidente que a Tradição sagrada, a Sagrada Escritura e o Magistério da Igreja

Citemos ao acaso algumas passagens da Sagrada Escritura suscetíveis de desconcertar os leitores não iniciados. O livro de Daniel mostra-nos anjos em conflito entre si (10, 13), quando cremos que os anjos desfrutam de uma felicidade sem sombra. Isaías (33, 7) anuncia que os anjos da paz chorarão. Por outro lado, o Segundo Livro dos Reis (19, 35) atribui a um anjo exterminador a morte de 185 mil guerreiros sírios numa só noite; os exegetas, apoiados no testemunho do historiador grego Heródoto, atribuem esta hecatombe a uma epidemia de peste propagada por uma invasão de ratazanas. Foi o próprio Deus ou foi um anjo que apareceu a Moisés na sarça ardente? A expressão «anjo do Senhor» (ou anjo de Javé) designa a Deus ou a um anjo?

A Tradição vem esclarecer estas dificuldades. Como explica São Tomás, as expressões empregadas por Daniel e por Isaías não são para ser tomadas em sentido literal. Traduzem realidades espirituais em imagens tiradas da vida humana.[30]

Uma invasão de ratazanas no acampamento sírio não exclui a intervenção de um anjo exterminador. Por que não poderia o anjo ter mobilizado um exército de ratazanas para propagar a peste? O domínio de um espírito puro sobre os animais

---

estão tão conexos entre si e tão compenetrados, por disposição sapientíssima de Deus, que nenhum deles pode subsistir sem os outros, e todos juntos, cada um a seu modo, contribuem eficazmente, sob a ação do único Espírito Santo, para a salvação das almas» (Concílio Vaticano II, Constituição dogmática *Dei Verbum*, n. 10).

30 *Suma teológica*, I, q. 113, a. 7 e 8.

está na ordem das coisas. Não deveria surpreender-nos mais do que nos surpreende o domínio de um pastor sobre o seu rebanho; o pastor atua sobre os sentidos exteriores dos animais (ouvido, tato etc.), o anjo atua sobre os sentidos internos (imaginação, memória). Através dos sentidos internos o anjo pode controlar o comportamento exterior dos animais.[31]

Quanto ao emprego alternativo do nome de Deus (ou de Javé) e do anjo, uma distinção que faz São Tomás resolve o problema.[32] O anjo intervém sempre em nome de Deus, por isso o autor sagrado atribui essa intervenção quer ao próprio Deus, quer ao anjo, que é a sua causa instrumental. «Do mesmo modo dizemos que o Papa absolve uma pessoa, ainda que a absolvição seja dada por outrem.»[33]

Por outro lado, esta alternância de expressões complementares encontra-se com frequência na vida ordinária. Quando, em nome do Santo Padre, o Cardeal Secretário de Estado dirige uma carta a uma Semana Social, por exemplo, os jornais falam indistintamente da *carta do Papa* e da *carta do Cardeal.* Trata-se de uma unidade moral, do mesmo modo como, noutro plano e de outra maneira, formam uma unidade moral Deus e o anjo que Ele envia aos homens. Esta unidade moral não leva consigo uma identidade física

---

31   *Ibidem*, I, q. 110.
32   Cf. *Comentário das Sentenças*, II, dist. 10, a. 2, ad 2 etc.
33   *Suma teológica*, I, q. 112, a. 2, ad 2.

entre o mandante e o executante, que são dois seres concretos diferentes.[34]

O movimento de desmitificação parece levar determinados intérpretes a excluir sistematicamente da Bíblia os anjos, em favor de uma força superior, Deus, ou em favor de forças naturais inferiores. Atribuir-se-á a Deus o que a Bíblia afirma acerca do anjo do Senhor e outorgar-se-á às forças naturais o que a Bíblia atribui à intervenção de um anjo. Estamos em plena fobia contra os anjos.

Evitar-se-iam estes erros, fonte de confusão para os fiéis, se, para além de utilizar as ciências profanas, se utilizassem a Tradição e o Magistério para iluminar a Bíblia, conforme a norma recordada por Paulo VI; e também se nos acomodássemos menos à mentalidade de um mundo secularizado e se não se tomassem por palavras da Escritura certos *slogans* tão superficiais como agressivos: «A gente não admitirá jamais isto!»; «Hoje já não há ninguém que creia!»... Porventura o senhor conduziu um inquérito para que fale assim com tanta segurança? Não está confundindo o ponto de vista das pessoas com os seus próprios pensamentos? Se o cristão não se orienta para a Tradição e o Magistério, não encontrará respostas satisfatórias para as questões que lhe apresenta a leitura da Bíblia. Em vez de lhe proporcionar luzes

---

34 Para a controversa questão do Anjo de Javé, cf. P. Auvray, artigo «L' Ange dans la Bible», em Enciclopédia *Catholicisme*, t. I col. 539. Maximiliano Garcia Cordero, *Teologia de la Bíblia, Antiguo Testamento*, pp. 436-440: «El "Angel de Yahvé" identificado con Dios?».

e certezas sobre os anjos, a Bíblia pode levantar problemas e dúvidas.

Lida à margem da luz da Igreja, a Sagrada Escritura, juntamente com uma arte religiosa adulterada pela idolatria técnica, a secularização e a «contestação», pode corroer a fé na existência dos anjos que Deus *associa a si mesmo para governar o mundo.*[35]

---

35 Cf. Paulo VI, *O Credo do Povo de Deus.*

GRETAS E EMBOSCADAS

Nenhum católico com ideias claras e conscientes poderia negar que os anjos existem; mas que na economia atual da salvação os anjos sejam necessários para a guarda dos homens — e do homem do século XX, enriquecido com as conquistas da ciência — pode parecer um tanto discutível a muitos cristãos.

O homem de hoje, como o de todos os tempos, tem necessidade da proteção dos anjos por dois motivos essenciais, independentes da evolução da sociedade e do progresso da técnica: primeiro, porque é e continua sendo um ser desequilibrado e doente; depois, porque é alvo de emboscadas e ataques contínuos da parte de Satanás.

Objeção à pretensa suficiência moral do homem encontra-se em todos os tempos. São Tomás de Aquino já a conhecia. Refere-a na primeira linha da primeira página do seu tratado sobre os anjos na *Suma teológica*. Atribuem-se guardas, diz, a quem não pode ou não sabe guardar-se, como é o caso das crianças e dos doentes. Ora, o homem pode guardar-se a si mesmo por seu livre-arbítrio e pelo conhecimento inato que tem da Lei Natural. Logo os anjos seriam inúteis.

A esta objeção que põe em primeiro plano a consciência natural do homem e das forças naturais da sua vontade, o que responde o Doutor comum da Igreja? São Tomás admite a existência desta consciência e destas forças. Mas acrescenta — e este é o nó do raciocínio — que estas luzes e estas energias são insuficientes. Reais? Sim. Suficientes? Não.

Graças ao livre-arbítrio, o homem pode, de certo modo, evitar o mal, mas não de maneira suficiente, já que o seu amor ao bem está debilitado pelas numerosas paixões da alma. Do mesmo modo, pelo conhecimento universal da Lei Natural, que de maneira natural é próprio do homem, este é orientado, de certo modo, para o bem; mas insuficientemente, pois, ao querer aplicar os princípios universais da Lei Natural às ações particulares, sucede que o homem se desvia de muitas maneiras. Por isso a Sagrada Escritura afirma que «os pensamentos dos mortais são tímidos e as nossas previsões são incertas». Daí a conclusão: «O homem tem, pois, necessidade da guarda do anjo.»[1]

A Revelação cristã ensina-nos que este desequilíbrio, que entorpece as faculdades do homem e estorva a sua conduta, é uma consequência do pecado original. Este traumatizou, de certo modo, as faculdades humanas: a razão encontra-se entorpecida, sobretudo no plano do atuar; a vontade está endurecida com respeito ao bem; ao mesmo tempo, aumenta a dificuldade para fazer o bem e inflama-se a concupiscência.[2] Este

---

[1] *Suma teológica*, I, q. 113, a. 1, ad 1.
[2] *Ibidem*, I-II, q. 85, a. 1. No seu discurso na audiência geral de 21-IV-1971, Paulo VI assinala «certas *sequelas incuráveis* do pecado original».

fundo de maldade, observa um comentarista de São Tomás, é causa de que o homem não tenha já o gosto natural de Deus; antes pelo contrário, encontra uma enorme dificuldade em submeter-se a Ele e elevar-se para Ele, bem como uma estranha facilidade para lhe voltar as costas, para prescindir dEle...[3] «Que se vai o nosso natural antes para o pior que para o melhor», escreve Santa Teresa no *Livro da vida* (cap. 11).

«Temos que saber tratar os anjos com intimidade: recorrer a eles agora [...]. Peçamos-lhe que leve até o Senhor a boa vontade que a graça fez germinar sobre a nossa miséria, como um lírio nascido no meio do esterco. *Sancti Angeli Custodes nostri, defendite nos in proelio, ut non pereamus in tremendo iudicio.* Santos Anjos da Guarda, defendei--nos no combate, para que não pereçamos no tremendo Juízo.»[4]

Os pecados pessoais do homem, os seus vícios e, às vezes, as suas taras hereditárias agravam ainda mais as feridas causadas pelo pecado original.

Para guardar estes doentes da vontade e da consciência, Deus despacha os seus anjos. «Tantos homens como estais vendo», observa Bossuet, interpelando os Anjos da Guarda, «são outros tantos doentes e miseráveis, cuja extrema necessidade clama pelo vosso auxílio». Desenvolvendo o seu pensamento, prossegue: «Todos são prisioneiros, carregados com as cadeias deste

---

[3] R. Bernard, *Commentaire de la Somme théologique*, «Le peché», t. II, p. 303.
[4] São Josemaria Escrivá, *É Cristo que passa*, Quadrante, São Paulo, 2023, n. 63.

corpo mortal: espíritos livres, ajudai-os a levar este peso angustiante; sustenta a alma que há de tender para o céu, contra o peso da carne que a puxa para a terra. Todos os homens são ignorantes que andam no meio das trevas: espíritos que vedes a luz pura, dissipai as nuvens que nos envolvem. Todos os homens são atraídos pelos bens sensíveis: vós que bebeis da mesma fonte das voluptuosidades castas e intelectuais, refrescai a nossa secura com algumas gotas deste orvalho celestial. Todos os homens têm no fundo da alma um desgraçado germe de inveja, sempre fecundo em discussões, rixas, murmurações, maledicências, divisões: espíritos caritativos, espíritos pacíficos, acalmai a tempestade das nossas cóleras, dulcificai a acritude dos nossos ódios, sede os mediadores invisíveis para reconciliar em Nosso Senhor os nossos corações ulcerados.»[5]

Coisa curiosa, que revela à sua maneira as sequelas do pecado original na lógica do homem: ferido no seu espírito de suficiência, o mundo moderno subleva-se contra o ensino da Igreja sobre «a propensão que têm os homens para o desequilíbrio e para o mal»; mas ao mesmo tempo, e na literatura, aceita as descrições desoladas da corrupção humana. Dois pesos e duas medidas! As observações pessimistas acerca da natureza corrompida do homem são admitidas na pena de filósofos e escritores, mas são rejeitadas se provêm

---

[5] Sermão para a festa dos Anjos da Guarda, *Oeuvres oratoires de Bossuet*, ed. Lebarq, t. III, p. 105.

dos lábios da Igreja. E isso apesar de a teologia católica se mostrar infinitamente menos deprimente que os escritores existencialistas: a Igreja afirma que o pecado original diminuiu a tendência do homem para o bem, sem que por isso tenha atentado contra as estruturas da sua natureza; o homem não é mau fundamentalmente.

Longe de naufragar num pessimismo estéril e na desesperança, a Igreja apresenta aos homens as luzes e as energias que Deus lhe oferece. Abre-lhes assim perspectivas de salvação e de felicidade.

Outro fato curioso, revelador também do desequilíbrio introduzido pelo pecado original no homem e da contaminação dos cristãos pelo espírito mundano: com frequência passam por alto o dogma do pecado original. É esta uma das verdades reveladas por Deus «que não se quer olhar de frente», como observa o Cardeal Garrone. E pergunta: «Há ainda lugar na pregação para o pecado original?»[6] Não se podia fazer a mesma pergunta para determinados catecismos?

Negar, na teoria e na prática, o pecado original e as suas consequências funestas para o equilíbrio intelectual e para a saúde moral do homem é negar implicitamente a necessidade da guarda dos anjos.

Certamente que os que gozam de boa saúde não têm necessidade de um médico, nem as pessoas equilibradas necessitam das advertências de um sábio. Pelo contrário, admitir a doutrina católica

---

6   *Que faut-il croire?*, p. 182.

sobre o pecado original é reconhecer ao mesmo tempo a necessidade de um remédio. A Igreja apresenta-nos a guarda dos anjos precisamente como uma terapêutica.

As sequelas do pecado original não se fazem sentir de modo excepcional, como se pode apresentar uma enxaqueca por causa da *surmenage*, ou como se pode apresentar uma crise hepática depois de uma cólera violenta. Estas sequelas do pecado original afetam as nossas faculdades em si mesmas e manifestam-se de modo contínuo como uma doença crônica ou uma debilidade congênita. Um míope é míope continuamente, de dia e de noite, na cidade e na praia, na fábrica e no cinema. Da mesma maneira, reduzidas às suas próprias forças, a consciência moral e a vontade do homem são deficientes sem interrupção de uma forma ou de outra. A permanência do mal reclama a continuidade desta terapêutica que são a ação da graça e a guarda dos anjos.

Mal se ousa falar do demônio

Há um segundo motivo que exige a assistência incessante do ser espiritual comissionado por Deus para defender o homem: a continuidade dos ataques de outro ser espiritual — o demônio.

O demônio? «Mal se ousa hoje falar dele», escreve o Cardeal Garrone. «Há sobre este tema uma conspiração do silêncio. Se este silêncio se quebra um dia é por obra de pessoas que se consideram uns "inteirados", ou que mesmo apresentam, com assombrosa temeridade, a questão de se o demônio existe. Ora bem, acerca deste ponto há uma certeza da parte da Igreja, a qual não se pode rejeitar sem temeridade e que se apoia num ensinamento constante cuja fonte está no Evangelho e mais além. A existência, a natureza, a ação do demônio são uns temas profundamente misteriosos, nos quais a única atitude sensata é concordar com as afirmações da fé, sem pretender saber mais do que a Revelação teve por bem dizer-nos.»[7]

Assentir com as afirmações da fé: um dos ensinamentos que, antes da recente modificação do Breviário, a Igreja propunha diariamente à atenção dos sacerdotes e dos fiéis que recitam o Ofício divino, era um versículo da primeira carta de São Pedro com que se abria a recitação de Completas: «Irmãos, sede sóbrios e vigiai, porque o demônio, vosso adversário, anda ao redor de vós, como um leão que ruge, buscando a quem devorar. Resisti-lhe, fortes na fé.»[8] São Bernardo relaciona esta passagem a um versículo do livro de Jó: «Dei a volta ao mundo e percorri-o de alto a baixo» (1, 7), e põe de relevo a constância e a obstinação do demônio.[9]

Essa mesma recitação das Completas termina com outra evocação do diabo, acompanhada de uma invocação aos Anjos da Guarda: «Visitai,

---

[7] *Ibidem*, p. 161.
[8] 1 Pd 5, 8.
[9] Sermão 12 sobre o Salmo *Qui habitat*.

Senhor, esta casa e lançai para longe dela o inimigo e as suas tentações; que os vossos santos tenham nela a sua morada para nos guardarem em paz, e que a vossa benção esteja sempre conosco.» Não é fortuita esta relação, como poderia ser fortuita a coincidência de um homem honrado junto de um malfeitor num automóvel. Esta vizinhança responde aos desígnios da Providência; para contra--arrestar a ação do demônio sobre os homens, Deus confiou-os à guarda dos anjos.

Trata-se efetivamente de um controle. Deus teria podido «lançar os anjos rebeldes na prisão do inferno para sempre» depois de terem pecado, como há de fazer no fim dos tempos.[10] Preferiu, todavia, deixar-lhes certa liberdade de ação para os empregar a seu serviço: utiliza o seu poder e a sua malícia para exercitar a virtude dos homens. Nada há no universo que Deus não tenha incluído nos seus planos. De uma maneira ou de outra, todas as coisas estão ao serviço de Deus; nada escapa ao seu controle.[11] Da malícia dos demônios Deus tira um bem para nós: o exercício da virtude.[12]

Um papel providencial

Com efeito, é evidente que muitos homens passariam a vida na mediocridade ou iriam deslizando para o mal se a Providência não os

---

10 *Suma teológica,* Supl., 89, 8, ad 2.
11 Cf. *Comentário às Sentenças* II, dis. 6, q. 1, a. 5, ad 4.
12 *Ibidem,* dist. 6, q. 1, a. 3.

colocasse em circunstâncias que os obrigam a optar pelo bem ou pelo mal. Sem estas provas ter-se-ia Jó elevado até a virtude heroica? Assim, os anjos mostram-se como os executores dos desígnios da Providência, os quais assinalam o progresso espiritual dos eleitos.

Os anjos bons proporcionam-nos este progresso levando-nos para o bem e afastando-nos do mal; os maus, indiretamente, ao incitarem-nos para o mal e oferecerem-nos assim a oportunidade de uma reação contrária.[13] Os demônios não são como uns comparsas na história da salvação: «Têm um papel providencial aqui embaixo, provando os homens por meio da tentação.»[14]

Os demônios também não são poderes malvados soltos, subtraídos a todo controle; Deus tem as rédeas na mão. Como às ondas desencadeadas do mar, evocadas pelo livro de Jó (38, 2), lhes disse antes de lhes permitir tentar os homens: «Até aqui, e não mais longe! Neste ponto se quebrará o furor da vossa marulhada.»

Santo Agostinho faz a seguinte observação: «O diabo quereria com frequência fazer dano, mas não o pode fazer, pois o seu poder está submetido a outro poder. Se o diabo pudesse fazer tanto mal como quer, não haveria justos sobre a terra.»[15] Dificilmente podemos imaginar o poder dos demônios. Sempre dentro dos limites marcados pela

---

13   *Suma teológica*, I, 64, 4.
14   Ch. V. Heris, em *Les anges* (*Suma teológica*, ed. de la Revue des Jeunes), p. 431.
15   *Enarr. in Psalmos, PS.* 8, *Potestas ista est sub potestate.*

Providência e respeitando a ordem natural, têm poder sobre o mundo da matéria.¹⁶ Podem jogar com as realidades materiais como uma criança brinca com as bolas de gude. Embora seja certo que a inteligência e a vontade do homem lhes estão vedadas, não obstante têm acesso aos sentidos exteriores e às faculdades inferiores: a imaginação, a sensibilidade, a memória. Pelo caminho destas faculdades alcançam indiretamente a inteligência e a vontade. Basta pensar no papel que as imagens, os sentimentos e os impulsos desempenham na conduta do homem para darmos conta de que os demônios têm enormes possibilidades de influência sobre as suas decisões e a sua conduta. Podem despertar imagens e fazer surgir sensações suscetíveis de afetar a inteligência do homem e de inclinar a sua vontade para o lado que lhes convém.

Dada a superioridade da sua inteligência sobre a do homem, «os demônios são mais hábeis que todos os nossos psiquiatras e todos os nossos

---

16 Numa página forte de *L'imposture,* Georges Bernanos descreve o poder do demônio sobre as faculdades do homem e os limites que Satanás encontra na inviolabilidade da vontade e, sobretudo, no poder da graça:

«Por mais sutil que seja o inimigo, a sua mais engenhosa malícia não poderia alcançar a alma senão dando um rodeio, como se pode forçar uma cidade envenenando as suas águas. Engana o juízo, mancha a imaginação, comove a carne e o sangue, utiliza com infinita arte as nossas próprias contradições, confunde as nossas alegrias, torna mais profundas as nossas tristezas, falseia as ações e as intenções no mais secreto das suas conexões; mas, inclusive quando conseguiu transtornar tudo assim, não pode destruir nada.

«De nós mesmos há de conseguir o supremo consentimento, e não o terá até que Deus tenha falado por sua vez. Por mais que tenha querido atrasar a graça divina, esta deve brotar, e ele espera este brotar necessário, inelutável, com um terror imenso, pois o seu trabalho paciente pode ser destruído num instante. Ele ignora onde cairá o raio.»

psicólogos; têm mais experiência que todos os nossos moralistas e todos os nossos políticos».[17]
«O seu poder natural é espantoso», observa um mestre de espiritualidade. «Podem levar a agitação aos vossos espíritos, despertar em vós as imagens que conservais das coisas, fazer brotar as que sabem que são mais perigosas, porque veem que são as que preferis... Deslizam como serpentes, atiram-se como leões. Podem pegar-se a vós como a vossa própria sombra, perseguem-vos, assediam-vos».[18]

Satanás disfarça-se

Um autor inglês, C. S. Lewis, analisou detidamente a tática do diabo. São Paulo resume-a numa frase lapidar: «Satanás disfarça-se de anjo de luz.»[19] Um exegeta moderno interroga-se se o Apóstolo faz alusão a uma vida apócrifa de Adão, segundo a qual Satanás se apresentou a Eva sob a aparência de um anjo de luz quando a tentou pela segunda vez. É possível. O que sobretudo importa a São Paulo é inculcar a habilidade que tem o maligno para assumir a aparência de bem.[20]

Quando apresentam o erro, os demônios adornam-se com pedaços de verdade que o fazem aceitável. Quando propõem o pecado, velam-no

---

17 Ch. Suave, *L'Ange intime*, p. 108.
18 Mons. Gay, *Sermons*, II, pp. 22-23.
19 2 Cor 11, 14.
20 Pietro Rossano, *Meditazioni su San Paolo*, t. I, p. 621.

sob um aspecto externo de virtude. Enganado, o homem cede à tentação. «Assim, a inteligência cai no erro por causa de uma aparência de verdade, como a vontade se inclina para o mal por uma aparência de bem.»[21]

Os demônios não se afadigam num plano geral e abstrato: praticam sempre uma tática individual, adaptando-a a cada caso particular. Atacam a sua vítima pelo seu flanco débil ou por um dos seus centros de interesse. E, com uma destreza e uma habilidade consumadas, vão avançando gradualmente para as suas metas sem queimar etapas.

Em geral, Satanás não recorre a esses processos extraordinários, como a obsessão ou as aparições, que conhecemos na vida de alguns santos. Limita-se a utilizar com uma habilidade extraordinária os meios ordinários que são as imaginações. Manipula-as com uma arte verdadeiramente diabólica.

«Ante a sua prodigiosa habilidade, a sabedoria do maior gênio humano não serve para nada», escreve um teólogo contemporâneo. «A fortaleza da alma oferece tantas brechas pelas quais o mal pode insinuar-se! A primeira coisa que o demônio estimula é a imaginação, e introduz o desassossego por meio de representações que satisfazem o amor-próprio. Encontra um poderoso aliado na propensão a sonhar que todos temos e que com demasiada frequência absorve a nossa atenção em detrimento da realidade. Por meio das imagens o

---

21 *Suma teológica*, II-II, q. 176, a. 6.

demônio tem acesso à razão, cujo juízo enturva, pois até esse ponto sabe revestir de mistério e de encanto o espetáculo das coisas. Ajeita-se muito bem para satisfazer essa curiosidade perversa e covarde que faz com que o espírito vagueie nesse claro-escuro e nesses esconsos onde as cores e os relevos se esbatem e se apagam a tal ponto que quase não se discernem e não se pensa em ajuizá-los... Assim tranquilizada, a consciência dormita.»[22]

Os capítulos 40 e 41 do livro de Jó apresentam dois monstros: Behemot e Leviatã, cuja força é superior à de todos os animais. Com outros Doutores da Igreja, São Tomás de Aquino vê nesta superioridade física uma imagem da preeminência de Satanás sobre o homem; este, reduzido às suas únicas forças naturais, é incapaz de desenredar e pôr a descoberto os artifícios que Satanás utiliza para o induzir ao mal.[23] Um buldogue que fizesse frente a um rinoceronte: esta é a imagem do homem que julgasse poder medir-se em astúcia com Satanás.

O Mestre João Tauler, místico alemão do século XIV, assinala a azáfama dos demônios para estorvar a elevação espiritual das almas fervorosas: «Aproximam-se com todas as astúcias de que dispõem. [...] É indizível a malícia que empregam sem descanso neste trabalho, e o homem teria de se aplicar contínua e extremadamente para se

---

22   Ch. D. Boulogne, *Le monde des esprits*, 1945, p. 141.
23   Cf. São Tomás, *Comentário ao livro de Jó,* caps. 40-41.

guardar contra esta malícia de uns inimigos que o assediam tão encarniçadamente. Desenvolvem nesta tarefa a habilidade mais dissimulada, e com frequência servem-se das coisas que têm aparência de bem. Quase sempre o que fazem é levar o homem até a dispersão do espírito. Se veem que conseguem pouco, induzem-no a atuar de uma maneira que pareça boa, e assim lhe insinuam o pensamento de que está em bom estado, que pode estar satisfeito e que não é preciso complicar as coisas. Esta é uma tentação muito inquietante, hoje mais do que nunca, pois, como diz São Bernardo: "no caminho de Deus, deter-se é andar para trás". Neste estado se encontram todos os corações mundanos que dizem: "Eu faço tantas boas obras como Fulano ou Beltrano; isto é mais do que suficiente, pois não pretendo alcançar melhor sorte que eles; quero conservar os meus costumes."»[24] Agitação e dispersão, satisfação de si acompanhada com falta de atenção ao progresso espiritual: tais são os objetivos do demônio na sua tática com os clérigos, os religiosos e os cristãos fervorosos.

«Monsieur *Vincent*» previne

Nesta mesma ordem de ideias, São Vicente de Paulo assinala às Filhas da Caridade o encarniçamento sutil do demônio contra uma das molas da vida espiritual: a oração, e de maneira especial

---
24 Sermons, *Sur les saints anges*, t. III, pp. 132-133.

a oração feita de manhã, que impregna de fé e de amor todas as atividades profanas do dia : «O diabo faz tudo o que pode para nos impedir de fazer oração, pois bem sabe que, se é ele o primeiro a encher-nos o espírito de pensamentos frívolos, dominará sobre ele durante todo o dia.»[25]

Esta chamada de atenção de São Vicente de Paulo, que era um gigante da ação, faz eco às considerações de São João da Cruz, gigante da contemplação. Na *Chama de amor viva* e no *Cântico espiritual*, o santo descreve o empenho dos demônios para afastar as almas da contemplação. É uma obstinação que impressiona: «Surpreende ver até que ponto Satanás considera a contemplação e o cuidado que lhe dedica», observa um comentador de São João da Cruz. «Satanás pensa que para ele é maior ganho causar um leve dano na oração a uma alma contemplativa do que causar muitos danos a uma massa de pessoas menos adiantadas espiritualmente. Inclusive aprecia isto como maior vantagem do que fazer cair em pecados graves muitas almas, pois estas têm pouco ou nada a perder, enquanto a alma contemplativa possui um grande e precioso capital. Do mesmo modo como é uma perda muito mais grave a de um pouco de ouro do que a de uma grande quantidade de vil metal.»[26]

Da mesma maneira, o leitor do Evangelho fica estupefato quando lê as passagens em que o

---

25 Palestra às Filhas da Caridade (1640). *Correspondence et entretiens*, t. IX, p. 32.
26 Nil de St. Brocard,*Demonio evita spirituale*, em «Sanjuanistica», Roma, 1943, p. 163.

Senhor toma contato com as forças demoníacas. «Quando Jesus aparece no meio dos homens, ouvimos a cada passo como os espíritos impuros gritam nos corpos e nas almas dos possuídos, pois os demônios sabem que o Santo de Deus, que os vai esmagar, entrou em cena.»[27] «Se consideramos seriamente a passagem de Lucas 4, 6, e muitas palavras do próprio Jesus, sem esquecer São Paulo e São João, somos levados a crer que o poder do demônio sobre o mundo (*Daemonisierung der Welt*) é muito mais amplo e mais profundo do que comummente se supõe.»[28]

Um fato revelador deste poder:

> Qualquer que seja o ser ou elemento que quer benzer, a Igreja começa manifestando que o considera como assento do demônio até esse momento, e que crê que o seu primeiro dever é arrebatar-lho e expulsá-lo dele.
>
> Consagra um templo para se estabelecer nele e exorciza todo o seu ambiente. Do mesmo modo quando abençoa a água, o azeite ou qualquer outra matéria natural tomada do mundo para a sua utilização, ou quando quer introduzir nela um homem por meio do Santo Batismo: sempre a mesma cerimônia precederá todo ato positivo de consagração.
>
> Com isso está a indicar-nos que a sua obra de continuação de Cristo aqui na terra, de cumprimento de Cristo, é fundamentalmente um resgate, uma transferência de propriedade obtida com grande luta, para chegar até a expulsão. Trata-se, para a Igreja,

---

[27] Wilhelm Vischer, *Das Christuszeugnis des Alton Testaments*, p. 112, citado por H. Christmann, *Erhaltung und Regierung des Welt*, Thomas von Aquin, p. 358.

[28] H. Christmann, *loc. cit.*

de reconquistar, elemento por elemento, pessoa por pessoa, este mundo em que o diabo e os seus, pelo pecado, pela idolatria do homem, puderam arrogar-se uma soberania quase divina; trata-se de eliminá-los. A Igreja avança como um exército disposto em ordem de batalha...[29]

Dois bandos invisíveis

Tais são, à luz da Revelação, o poder dos demônios sobre o mundo e a sua possibilidade de influência sobre cada homem em particular. Trata-se de um poder inaudito, do qual não somos capazes de fazer uma ideia adequada, posto que ignoramos quase tudo acerca da natureza dos seres incorpóreos; de um poder de cuja amplitude os homens não poderiam conhecer com certeza se o mesmo Deus não lhes tivesse revelado o mistério; de um poder que convém afirmar tanto mais quanto parece atualmente ser objeto de uma espécie de conspiração do silêncio, mesmo em meios cristãos.

Por outro lado, há autores espirituais que o têm feito notar: uma das mais estrepitosas vitórias do demônio é ter chegado a adormecer a vigilância dos homens de hoje e fazer que a sua existência e a sua influência caiam no esquecimento.

Praticamente ignorado e desconhecido de um grande número de cristãos, Satanás pode atuar muito mais à vontade. É um inimigo irredutível,

---

[29] Bouyer, *Le mystère pascal*, citado pelo Cardeal Garrone, em *Que faut-il croire?*, p. 167.

cuja presença assídua a nosso lado esquecemos com demasiada frequência. Faz pensar numa quinta coluna da qual somente algumas pessoas conhecessem a força e as maquinações no país.

Além da ferida causada ao homem pelo pecado original, esta presença insidiosa dos demônios exige a presença acolhedora dos anjos ao nosso lado. Cada homem, cada mulher, cada criança, cada adolescente, é objeto das contínuas solicitudes do seu Anjo da Guarda, do mesmo modo como é objeto das maquinações incessantes dos demônios.

Se transferimos estes dados da fé do plano individual para o plano social, ou se se contemplam estas verdades no plano mundial, compreender-se-ão certas afirmações, que à primeira vista surpreendem, dos Padres da Igreja e dos mestres de vida espiritual. Eram realistas e não visionários quando, como um Santo Ambrósio, afirmavam que «a terra e o ar pululam de anjos e de demônios». Um pulular espiritual, mas não menos real.

Do mesmo modo como, durante a última grande guerra, os beligerantes estavam divididos em duas grandes coligações militares, assim há dois bandos invisíveis pelejando entre si no mundo: o dos anjos bons e o dos anjos infiéis. Disputam furiosamente o império sobre os homens. O Apocalipse deixa entrever a envergadura e a veemência destas lutas gigantescas; igualmente o texto misterioso de São Paulo exortando os fiéis a lutarem, com as armas da fé, contra as forças espirituais do mal estendidas pelos ares e contra os príncipes deste mundo de trevas;[30] e também a oração a São Miguel Arcanjo, príncipe das milícias celestes, que antes se recitava no final das Missas não cantadas.

Conta-se na vida dos Padres que um dia o solitário Santo Isidoro subiu ao telhado da sua cabana acompanhado pelo Abade Moisés, a quem o demônio da impureza vinha tentando havia algum tempo. «Olha para o Ocidente», disse Isidoro ao seu visitante. Este viu uma multidão de demônios fazendo um tumulto furioso, como se se estivessem preparando para um combate. Depois o solitário acrescentou: «Olha para Oriente», e o Abade Moisés viu uma multidão inumerável de anjos santos: o exército dos poderes celestiais, mais resplandecente que o próprio sol. «Esses que viste no Ocidente», disse o eremita, «são os que atacam os santos; os que viste no Oriente são os que Deus envia para socorrer os santos. Tens de reconhecer que o número e a força estão do nosso lado». O Santo Abade Moisés voltou para a sua cela reconfortado.[31]

Falando aos fiéis sobre os exércitos celestes, São João Crisóstomo evoca também os demônios, esses seres bárbaros e ferozes que enchem o ar que nos rodeia, dispostos a fazer estalar a guerra. Afortunadamente, Deus pôs-lhes à frente exércitos de anjos bons. O bispo de Constantinopla compara estes com as tropas acantonadas nas cidades

---
30 Cf. Ef 6, 11-12.
31 PL 74, 278, citado por J. Duhr, *Dictionnaire de spiritualité*, art. «Anges». col 590.

fronteiriças do império para defenderem o país contra as incursões dos bárbaros.[32]

«Temos mais aliados do que eles»

São Tomás de Aquino resumiu esta doutrina numas poucas linhas densas e luminosas de um artigo da *Suma teológica* dedicado à força mantida pelos demônios contra os homens.[33] Amigo de dialogar, primeiro põe uma objeção: não é uma justa condição para o combate expor o débil na guerra contra o forte, o ignorante contra o astuto. Ora, os homens são débeis e ignorantes, enquanto os demônios são poderosos e astutos. Deus, que é autor de toda a justiça, não deve permitir que os homens sejam atacados pelos demônios.

Esta é a resposta do Santo Doutor: «Para que a luta não seja desigual, o homem recebe em compensação principalmente o auxílio da "graça divina" e, secundariamente, a guarda dos anjos: Não temas, temos conosco mais aliados do que eles».[34]

Comentando a resposta do Doutor Angélico à objeção desta desigualdade manifesta entre as forças do demônio e as do homem, certo teólogo

---

32 Homilia para o dia da Ascensão.
33 *Suma teológica*, I, q. 114, a. 1, ad 2.
34 Alusão ao episódio que conta o Segundo Livro dos Reis (cap. 6, 15ss). Giezi, o servo de Eliseu, estava desesperado, vendo a cidade de Dotan cercada por tropas inimigas vindas para aprisionar o seu senhor. Eliseu pôs-se em oração: «Senhor, abra-lhe os olhos para que veja.» Os olhos de Giezi abriram-se então e «viu a montanha cheia de cavalos e carros de fogo». Depois disto, as tropas que estavam em cerco foram atacadas de alucinações.

contemporâneo põe de relevo a importância que São Tomás atribui à guarda dos anjos, ao compará--la com o papel da graça divina na economia da salvação.³⁵

A estrofe final do hino *Aeterne rector siderum*, recitada pela Igreja na festa dos Anjos da Guarda, liga de maneira parecida ambas as coisas, ao associar a missão dos anjos à do Salvador e à do Espírito Santo: «A Deus Pai seja dada a glória, que por meio dos seus anjos guarde aqueles que o seu Filho resgatou e que o Espírito Santo santificou.»

Não. O Anjo da Guarda não é um simples figurante etéreo na cena onde se representa a vida dos homens e onde se decide o seu destino eterno. Tem um papel importante. Não foi destinado por Deus para o serviço do homem, como afirma a Carta aos Hebreus. Escreve-se a história dos povos e dos seus personagens mais assinalados, a exposição de fatos visíveis e a análise das relações das quais se pode ter um controle. Para completar o quadro ter-se-ia de escrever também uma história dos feitos invisíveis e das relações não controláveis, tecido das respectivas influências dos anjos santos e dos demônios sobre os chefes de Estado, sobre os políticos, sobre os pensadores, os educadores e os artistas, sobre os profissionais da opinião pública, sobre a vida econômica, sobre a moda etc.

---

35 Johannes Brinktrine, *Die Lehre von der Schöpfung*, Paderborn, 1956, p. 175.

Esta informação complementar explicaria muitas coisas que hoje parecem, em parte, inexplicáveis.

O príncipe da mentira

Por exemplo, poderíamos suspeitar da exata influência das forças diabólicas sobre a ideologia de um Stalin ou de um Hitler? Num estudo sobre *Satanás hoje,* Dom Alois Mager, Decano da Faculdade de Teologia de Salzburgo, aponta a influência das forças demoníacas sobre Adolf Hitler e sobre o nacional-socialismo.[36]

«Foi homicida desde o princípio, e não permaneceu na verdade, porque a verdade não está nele.»[37] Destas palavras de Jesus, Dom Mager conclui que dois são os sinais que caracterizam o mundo satânico: a mentira e o homicídio. O beneditino alemão distingue estes dois traços no *Führer* e na sua *Weltanschauung.*

> Se é certo que Pio XI chamou ao nacional-socialismo a *mendacium incarnatum,* a mentira feita carne, não pôde tê-lo designado de uma forma mais exata [...]. A mentira reduz a nada a vida espiritual; o homicídio, a vida corporal. Reduzir sempre a nada, essa é a tática das forças satânicas. É significativo o fato de não haver palavra que se repita tanto e com tanta regularidade nos discursos de Hitler e dos dirigentes nazistas, bem como na sua imprensa, como as palavras destruição, aniquilação.
>
> Não há definição mais breve, mais precisa, mais adequada à forma de ser de Hitler do que a de [...]

---

36 Cf. *Satan,* obra coletiva, «Études carmélitaines».
37 Jo 8, 44.

medium de Satan [...]. O general Jodl dizia no processo de Nuremberg: era um grande homem, mas um grande homem infernal.

Monsenhor J. B. Neuhäusler, que foi prisioneiro nos campos de concentração nazistas e depois bispo auxiliar de Munique, resume na sua obra *Cruz e cruz gamada* a essência do nacional-socialismo nesta fórmula: «Satanás e o nacional-socialismo estão ligados um ao outro.»

Um filósofo francês chega às mesmas conclusões do prelado alemão: «Que há comparável ao fenômeno hitleriano? No espaço de doze anos, um homem que não era nem estrategista, nem um político excepcional, que só dispunha de uma força frenética de *medium,* pôde fazer, ele só, alucinando todo o povo, o que em revoluções anteriores teria requerido a cooperação de vários gênios excepcionais. Hitler fez o que tinham feito juntos Rousseau, Mirabeau, Robespierre, Bonaparte. E quase teve êxito. Não se pode pelo menos ter a impressão de que, neste caso único de que fomos testemunhas, não tenha havido, para suscitar, para produzir este fenômeno tão extraordinário, algo análogo ao que demonólogos chamam malefício, possessão, quer dizer, substituição da personalidade humana por uma personalidade secundária infra e sobre-humana?»[38]

---

38 Jean Guitton, Prólogo a *Le prince du mensonge,* de Hedwige Louis-Chevrillon, Paris, 1970, pp. 9-10. Guitton acrescenta, pensando nos autores que, negando que Satanás seja uma pessoa, fazem dele uma simples abstração: «Isto não é mais do que um exemplo bastante grosseiro; não o escolhi senão para

Nunca deixou de enganar

Quanto ao comunismo ateu, poderíamos ainda perguntar se os católicos repararam que Pio XI liga também as suas origens às influências satânicas.

A primeira página da encíclica *Divini Redemptoris* (sobre o comunismo ateu) evoca a promessa de um Redentor divino, cuja esperança vem dulcificar a saudade do paraíso perdido e sustentar o gênero humano no seu encaminhamento através das tribulações. Quando chegou a plenitude dos tempos, a aparição do Salvador culminou esta espera e inaugurou uma nova civilização. «Mas a luta entre o bem e o mal, triste herança do pecado original, continuou a devastar o mundo; e, *por meio das suas promessas falazes, o antigo tentador não deixou nunca de enganar* o *gênero humano*. Por isso, ao longo dos séculos, vimos suceder as revoltas até a revolução atual, que está já desencadeada ou que está ameaçando seriamente pode dizer-se que em quase toda a parte, e que supera pela sua amplitude e violência o que sucedeu nas perseguições anteriores contra a Igreja [...]. Este perigo é o comunismo bolchevique e ateu.»

explicar a minha pergunta sobre o mal e a malícia. Para mim, o problema consiste em saber se basta escrever com maiúscula a palavra Mal, ou se não há de dar um passo a mais e comprovar que, sob o peso das experiências, os malvados, os maus, os maliciosos, o Mal mesmo, não bastam para explicar o fato da inversão, da perversão, da subversão atuais: se não será razoável dar a razão à Revelação bíblica e chamar ao mal pelo seu próprio nome: o Maligno [...]. Poderíamos também perguntar-nos se, nestes momentos, a Igreja não está fustigada pelo Maligno.»

«Por isso» (*quapropter*), escreve Pio XI: assinala aqui esses laços íntimos que existem entre os manejos contínuos de Satanás ao longo da história e a vinda do comunismo ateu na nossa época. Pio XI relaciona assim Satanás com as origens do comunismo ateu, sem com isto negar a influência de outros fatores como o declinar da fé, o liberalismo econômico, as injustiças sociais que clamam ao céu...

A influência que os anjos caídos têm sobre as atividades culturais e econômicas, políticas e militares dos povos não deve, no entanto, fazer-nos esquecer a influência dos anjos da luz sobre a unidade temporal.

O hino *Aeterne rector siderum*, que a Igreja recita na festa dos Anjos da Guarda, evoca também as múltiplas intervenções destes espíritos na vida dos Estados, no que se refere à segurança do país, a saúde pública e a paz social. Um dos pastores de almas mais lúcidos do século XX, o Cardeal Faulhaber, Arcebispo de Munique, pronunciou um dia um sermão no qual, apoiando-se na Sagrada Escritura, descreve o papel dos Anjos da Guarda dos povos.[39]

A epopeia de Joana d'Arc é uma esplêndida ilustração da intervenção de São Miguel e dos anjos nos assuntos de um reino terrestre. O que nesta história parece excepcional não é o interesse por uma cidade temporal, mas o modo visível e

---

39 Cardeal Faulhaber, *Zeitrute, Gottesrute*, Friburgo, 1933, pp. 416-429.

audível das suas intervenções, que de ordinário são secretas.

Só Deus conhece plenamente a amplitude e a profundidade das influências angélicas e o domínio demoníaco sobre o desenvolvimento da história. O mundo as descobrirá com espanto no dia do Juízo final. Então virá à luz tudo o que hoje está forçosamente oculto aos nossos olhos de carne: *Quidquid latet apparebit.*

EM TODAS AS TUAS IDAS E VINDAS

Uma certa imaginária religiosa comprazia-se há algum tempo em representar o Anjo da Guarda em companhia de meninos ou meninas pequenas que estavam em perigo. Isto pode levar a reduzir à idade infantil a guarda do anjos e a excetuar dela os adultos. Que os bebês e os meninos tenham necessidade da proteção dos Anjos da Guarda, tudo bem; mas os adolescentes, os jovens e os adultos não se bastam a si mesmos? Um tal conceito não se compadece com a realidade profunda.[1] Com efeito, a gente jovem e os adultos têm ainda mais necessidade da guarda dos anjos que a infância. Os homens e as mulheres estão expostos a dificuldades e tentações que os pequenos não conhecem. A extensão da ajuda tem de se medir pela amplitude das necessidades. Isto é tão certo que, como vimos, os Doutores da Igreja e os teólogos atribuem dois Anjos da Guarda aos homens que têm a carga do governo de uma comunidade: um para a sua pessoa, outro para o seu cargo.

Depois de bastantes vacilações até a Idade Média, a teologia católica ensina que há um Anjo da Guarda destinado a guardar cada ser humano, sem distinção de raça, de idade ou de sexo. Não

---

[1] Romano Guardini, *Der Engel das Menschen*.

há exceção a esta regra. São Tomás de Aquino leva o seu rigor lógico até afirmar que inclusive o Anticristo desfrutará da assistência de um Anjo da Guarda.[2] Este impedi-lo-á de cometer todas as iniquidades que desejará cometer no seu ódio a Deus. Igualmente podemos pensar que os perseguidores da Igreja e os inimigos do cristianismo, como um Callés, um Hitler ou um Stalin, ou os torturadores dos campos de Dachau ou de Buchenwald, teriam cometido crimes ainda maiores sem as intervenções secretas dos anjos. Não basta às vezes um atraso, um esquecimento ou um acidente de saúde para impedir um crime? Para os anjos estes efeitos são fáceis de conseguir. O seu domínio sobre as forças materiais permite-lhes mudar de lugar «um grãozinho de areia» nas entranhas de um ditador ou de um chefe político. «Cromwell ia devastar toda a cristandade; a família real estaria perdida, e a sua ter-se-ia feito definitivamente poderosa, se um grãozinho de areia não se tivesse instalado num seu ureter. Mesmo Roma teria tremido; mas esse grão colocou-se ali, ele morreu, a sua família foi humilhada, tudo ficou em paz, o rei foi restaurado.»[3]

Guarda dos anjos e salvação dos não cristãos

A presença invisível mas ativa de um Anjo da Guarda ao lado de cada homem convida a

---
2 *Suma teológica*, I, q. 113, a. 4, ad 3.
3 Pascal, *Pensées*, ed. Brunschvig, n. 176, p. 410.

considerar de maneira mais profunda o problema da salvação eterna dos não cristãos, tanto dos antigos pagãos como dos de hoje na Ásia e na África. «Deus quer que todos os homens se salvem e cheguem ao conhecimento da verdade.»[4]. O Verbo é a luz verdadeira «que ilumina todo homem».[5] Ora, para iluminar a inteligência humana Deus serve-se não só dos educadores e mestres, mas também dos anjos. Estes constituem um canal normal na transmissão da verdade.

Os gregos e os romanos concediam grande importância à inspiração e ao papel das musas na poesia. Sócrates rendeu homenagem à assistência do seu «demônio», o gênio bem-feitor. Aristóteles entreviu que homens superiores se beneficiam da moção de um princípio exterior à razão humana, como sublinha São Tomás no seu tratado dos dons do Espírito Santo.[6]

Como faz notar o Ch. D. Boulogne, os autores de obras-primas na arte e na literatura de todos os tempos sabiam-se tributários de forças superiores mais ou menos identificadas. «Os autores destas obras reconheceram sempre que lhes vinham de mais longe e de mais alto que do seu coração. Ao executá-las, todos tiveram o sentimento de que lhes eram "outorgadas" e inspiradas. Músicos ou pintores, poetas ou escultores, filósofos ou místicos sabiam-se "visitados"... Uns falam do seu *daimon*,

---

[4] 1 Tm 2, 4.
[5] Jo 1, 8.
[6] *Suma teológica*, II-II, q. 68, a. 1, ad 1.

os outros do seu *deus*, e os cristãos — com mais lucidez — da assistência do Senhor, que, para chegar às almas, utiliza com frequência os anjos, que são os seus servidores. Como não aceitar o seu testemunho? A sua própria obra o garante».[7]

Num colóquio organizado em janeiro de 1968 pela Aliança Mundial das Religiões sobre o tema *Anges, démons et êtres intermédiaires*, o Cardeal Daniélou sublinhou o papel dos anjos, bons e maus, na inspiração artística: «a criação artística [...] tem caracteres angélicos. Isto explica também a sua extraordinária ambiguidade. A sua beleza tem alguma coisa de absolutamente fascinante, mas corre o perigo de se converter em objeto de uma espécie de idolatria. Isto é o que faz que o terreno da *arte* seja um terreno que está diretamente em relação com esse outro terreno da angeoloqia e da demonologia. Quando Gide diz que não há obra de arte em que não participe o demônio, diz, a meu parecer, algo que é perfeitamente exato, acrescentando em que não participe o demônio ou o anjo. Quer dizer que o defeito de Gide está em não ter visto mais que o aspecto diabólico da arte e não ter visto que a arte tem, antes de mais nada, um aspecto angélico».[8]

O Concílio Vaticano II reconhece que, ainda que sejam incompletas, as religiões não cristãs como o hinduísmo, o budismo, o islamismo etc. contêm parcelas da verdade, reflexos do Verbo.

---

[7] *Le monde des esprits*, p. 165.
[8] Paris, 1969, p. 45.

A Igreja Católica não rejeita nada do que nas outras religiões é verdadeiro e santo. Com um sincero respeito, toma em consideração esses modos de atuar e de viver, esses preceitos e doutrinas que, embora difiram muito dos que ela crê e propõe, não poucas vezes refletem «um raio daquela verdade que ilumina todos os homens».[9] Estes raios da verdade que iluminam todos os homens, segundo a doutrina de São Tomás, Deus os difunde com a colaboração habitual dos anjos.

Assim, o ensinamento da Igreja sobre a guarda dos anjos, de que desfrutam todos os homens sem exceção, ilumina a doutrina católica da graça suficiente, que também se concede indistintamente a todos os homens. Um laço íntimo une estas duas

---

9   Declaração *Nostra aetate*, n. 2. «Segundo o Evangelho de São João (1, 9), Deus iluminou todo homem», e, para São Paulo, Deus «não cessou de dar testemunho» (At 14, 17). No seu discurso no Areópago, Paulo exclama: «Pois esse Deus que adorais sem o conhecer, é o que eu venho anunciar-vos» (At 17, 23). A Igreja não pôs nunca dificuldades para reconhecer e honrar «santos e pagãos» que o Antigo Testamento nos apresenta e que acabamos de enumerar (Abel, Enoque, Daniel, Noé, Melquisedec, Lot, a Rainha de Sabá). Há em todas as partes e em todo o tempo pessoas que creem em Cristo sem o conhecer e que «invisivelmentele pertencem à Igreja visível» (Ch. Journet, *L'Eglise du Verbe incemé*, t. I, p. 46). Seria desconhecer a realidade não querer ver que, nas religiões não cristãs, nos vedas e nos upanixades, em Buda e em Lao-Tse, se contêm verdades, e que em Buda e noutros há ideias morais belas e elevadas. Se São Justino coloca Sócrates e outros pagãos entre os santos, também se poderia, no dizer de Daniélou, «fazer o mesmo com outros grandes sábios do paganismo: Zoroastro e Buda» (*Les saints «paiéns» de l'Ancien Testament*, p. 29).

   Thomas Ohm, em *Faites des disciples de toutes las nations* (Paris, t. III, pp. 48-52), observa que o pensamento dos cristãos sobre as religiões naturais apresenta um leque que vai desde a condenação radical de um Karl Barth até a admiração insensata de certos cristãos que abandonam a sua fé para seguirem uma religião oriental.

   Entre estes dois extremos, o Concílio Vaticano II assinala o seu justo meio: nem totalmente más nem totalmente boas, as religiões naturais apresentam verdades entremeadas com erros.

realidades. As luzes proporcionadas pelo anjo são uma das manifestações concretas da graça suficiente. «É próprio da divina Providência prover a cada um do necessário para a salvação, com a condição de que pela sua parte não ponha obstáculos», afirma São Tomás. «Poderia acontecer que um homem crescesse só na selva, no meio de lobos; se seguir a conduta que lhe ditar a sua razão natural na busca do bem e em fugir do mal, é seguro que Deus lhe revelaria por inspiração interior tudo o que é necessário crer ou dirigiria para ele um pregador da fé, como enviou Pedro à procura de Cornélio.»[10] Ora, seguindo a doutrina do santo, no caso proposto esta luz interior sobre as coisas que é preciso crer chega ao homem normalmente através da intervenção do anjo, do mesmo modo como, pelo ministério dos anjos, o homem recebe o carisma de línguas ou de profecia. «Deus não encadeou o seu poder nos sacramentos.» O não cristão que, com ignorância invencível da Revelação, leva no entanto uma vida honesta e reta pode salvar-se fora de Igreja visível.

«Andarás sobre áspides e víboras»

De que forma realizam os anjos a sua missão na nossa vida cotidiana? «Ele deu ordem aos seus anjos para te protegerem em todos os caminhos. Tomar-te-ão nas palmas das mãos, não aconteça ferires nas pedras os teus pés. Poderás caminhar

---
10   De veritate, q. 14, a. 11 ad 1.

por cima de áspides e víboras, calcar aos pés leões e dragões.»[11]

Como intervêm os Anjos da Guarda nos lares, nas escolas, nas fábricas, nos cinemas, nos parlamentos, na estrada, no ar? É possível uma influência destes seres incorpóreos na vida social e profissional, na política? São eficazes? Pesa essa influência com um peso decisivo nos destinos de um homem? Desempenha um papel na história da humanidade? São Tomás de Aquino encontra uma resposta a estas perguntas na natureza dos anjos. Conhecem incomparavelmente melhor que o homem o mundo material e as suas leis. Exercem sobre este mundo material um império misterioso. Este domínio chega tão longe e sobrepassa tanto os limites da ciência e da técnica que certos trabalhos realizados pelos anjos poderiam parecer-nos milagrosos, quando na realidade são puramente naturais. O mesmo Doutor Angélico faz esta observação,[12] que poderia parecer uma desmitificação da boa lei. Os homens de uma tribo de África, impossibilitados de toda relação com o resto do mundo, creriam presenciar um milagre se vissem aterrar e descolar um avião ou se ouvissem um transistor. E, no entanto, nada há nisso de milagroso. Os fabricantes de um desses aparelhos têm sobre os homens de uma tribo selvagem a vantagem de conhecer melhor e de aplicar melhor os elementos e as leis da natureza.

---

11   Sl 90, 11-13.
12   Cf. *Suma teológica*, I, q. 111, a. 4.

Neste sentido, é significativo um episódio dos Atos dos Apóstolos. Depois do naufrágio do seu barco, São Paulo e os seus companheiros desembarcaram em Malta. Acenderam fogo. Paulo recolhe alguns ramos e lança-os na fogueira. Uma víbora salta e enrola-se na mão. O Apóstolo sacode o réptil no fogo e não acusa nenhum dano. Os indígenas esperam vê-lo inchar e cair morto fulminado. Observam-no durante algum tempo e, ao comprovar que não lhe sucede nada, mudam de atitude: «É um deus», exclamam.[13] Os malteses consideraram milagrosa a imunidade desse estrangeiro. Tomam-no por um deus. Mas é muito possível que esta proteção do Apóstolo fosse o efeito de uma ação do anjo sobre a víbora, como também se pode atribuir a uma intervenção dos anjos a docilidade dos leões famintos no meio dos quais foi arrojado Daniel por ordem de Dario. «Senhor», disse o profeta ao monarca estupefato, «o meu Deus enviou o seu anjo e fechou as fauces dos leões; não me fizeram dano...».[14]

Deus mantém as suas promessas

Uma vez mais: não há nada de estranho nisto para os que creem na palavra de Deus. O poder dos anjos sobre o mundo animal é muito superior ao dos domadores de leões e encantadores de serpentes. O mesmo Deus anunciou pela boca do

---
13 At 28, 3-6.
14 Dn 6, 23.

profeta que os seus eleitos passariam incólumes por cima de áspides e víboras, e inclusive esmagariam o leão e o dragão.[15]

É preciso repetir com um Doutor da Igreja: têm de se tomar estas palavras tanto no seu sentido literal como no seu sentido espiritual,[16] como num e noutro sentido é preciso tomar as palavras «tomar-te-ão nas palmas das mãos, não aconteça ferires nas pedras os teus pés».

O homem encontra no seu caminho obstáculos físicos e inimigos visíveis, do mesmo modo como se pode ver confrontado com dificuldades morais e com «forças espirituais do mal, que povoam os ares».[17]

O Anjo da Guarda tem ordem de assistir ao homem em todas estas peripécias. Pode ajudá-lo num terreno físico, conduzindo-o, afastando-o de um objeto ou de um animal perigoso, assinalando o perigo por meio de um ruído etc.; igualmente pode intervir no terreno psíquico de diversas formas, quer seja na pessoa mesma, por meio de uma inspiração, ou nos seus inimigos, manifestando-os, distraindo-os ou inibindo os seus movimentos.[18]

Poderíamos citar inúmeros episódios tirados das vidas dos santos. Sem dúvida que muitos

---

15   Sl 90, 13.
16   São Roberto Belarmino, *Comentário aos Salmos*, «Salmo 90».
17   Ef 6, 12.
18   Por mais ampla que seja a gama das suas intervenções, os Anjos da Guarda dedicam, no entanto, o melhor das suas forças a iluminar as consciências. Cf. *Suma teológica*, I, q. 113, a 1, ad 2 e a. 6, ad 2.

destes fatos remontam a épocas pouco exigentes em matéria de sentido crítico. Há quem discuta atualmente a autenticidade dessas intervenções, como, por exemplo, a autenticidade das vozes que inspiraram Santa Joana d'Arc.

Melhor do que apresentar agora um conjunto de fatos históricos que possam ilustrar os versículos do Salmo 90 que citamos antes, fundamentais para a doutrina dos Anjos da Guarda, preferimos insistir em dois pontos: as certezas que Deus nos deu e o poder dos anjos sobre o mundo material em geral, bem como sobre o psiquismo do homem em particular.

Um fiel poderá talvez criticar a autenticidade das aparições de anjos na vida de Santa Francisca Romana, de Santa Luduvina de Schiedam, de São Venceslau, duque da Boêmia, ou, mais perto de nós, de Santa Gema Galgani; mas, a não ser que se pusesse em desacordo com a sua fé, não poderia discutir a fidelidade de Deus em manter as suas promessas. Os grandes da terra podem faltar às garantias solenemente dadas e violar os tratados; Deus, porém, é fiel: o que promete, mantém-no. São numerosas as páginas da Sagrada Escritura em que se compromete a rodear os seus de uma proteção de anjos, esses seres espirituais que tanto poder têm sobre o mundo material e sobre as forças diabólicas. Mantém as suas promessas! Quantos santos e cristãos fervorosos o experimentaram nas suas vidas... «Ficas pasmado porque o teu Anjo da Guarda te tem prestado serviços patentes. — E não devias pasmar; para isso o colocou o Senhor junto de ti.»[19]

Pôr em dúvida a guarda dos anjos viria a ser o mesmo que negar implicitamente a veracidade de Deus e a sua fidelidade à palavra dada. Seria como uma blasfêmia.[20]

Rebaixar Deus ou elevar os homens?

Poder-se-á objetar que os católicos de hoje já não acreditam em todas essas histórias de anjos e que seria conveniente dar outra interpretação a determinados textos da Bíblia, para os adaptar à mentalidade evoluída do homem moderno.

Assinalemos em primeiro lugar um exagero manifesto: é *uma parte* do mundo católico, e não a sua totalidade, que põe em questão a interpretação tradicional de determinados textos bíblicos. Parece que os «contestatários» na Igreja são bastante menos numerosos do que fazem crer pelo ruído que, habilmente orquestrado, organizam à sua volta. Pensemos, por contraste, nas dezenas de milhares de adesões recolhidas há algum tempo, em poucos meses, por uma mensagem de fidelidade ao Papa de um pequeno grupo de leigos católicos franceses. Quem esperava uma tal manifestação de afeto filial?

Passa-se com os católicos negadores da existência dos anjos o mesmo que com os sacerdotes

---
19 São Josemaria Escrivá, *Caminho*, n. 565.
20 Cf. *Suma teológica*, II-II, q. 13, a. 1.

«contestatários» do celibato eclesiástico: junto a umas centenas de «contestatários ruidosos», há milhares e dezenas de milhares de sacerdotes que aceitam vivamente o celibato numa doação silenciosa de si a Deus.

Quanto à questão de fundo, quer dizer, a interpretação da Sagrada Escritura, é possível que com demasiada frequência se esqueça o seguinte: não é a verdade revelada por Deus que deve rebaixar-se ao nível dos homens e adaptar-se aos seus gostos por meio de sábias manipulações; é antes o cristão que, por um ato de fé, deve elevar-se à altura das verdades divinas.

A opinião volúvel das pessoas não poderia ser um critério mais seguro que a veracidade de Deus. São as areias movediças melhor alicerce que a rocha? O que em definitivo importa saber não é «o que pensam as pessoas», nem o que querem admitir ou não, mas o que pensa Deus e o que, por meio da Revelação, propõe à adesão da nossa fé. As verdades sobrenaturais têm de se descobrir, e não inventar.

Há adaptações e interpretações da Palavra de Deus que são uma mera traição, por causa do empenho de fazer aceitar a Revelação a um mundo deslumbrado pelo progresso da ciência e fascinado pelas maravilhas da técnica.

No seu discurso de inauguração do Concílio, João XXIII distingue claramente a substância imutável das verdades reveladas por Deus e ensinadas pela Igreja e o revestimento destas verdades, que deve adaptar-se às diferentes formas de civilização.²¹

Além de esquecerem a veracidade de Deus, os cristãos «contestatários» da existência dos Anjos da Guarda parecem também esquecer a sua onipotência. São numerosos os textos da Sagrada Escritura nos quais o Senhor afirma que o seu poder supera infinitamente o dos homens. «O que é impossível para os homens é possível para Deus.»²²

A onipotência de Deus não é um mito. Se pode representar uma dificuldade para um cristão subjugado pelo «espírito técnico» que Pio XII e Paulo VI denunciaram,²³ não apresenta nenhum problema insolúvel para um ouvinte dotado de uma fé viril. Este pode afirmar com São Paulo: «Sei bem em quem pus a minha confiança»; e com São João: «Se aceitamos o testemunho dos homens, o de Deus é maior.»

Entre os autores e pregadores que, desligando-se da Tradição e do Magistério da Igreja, põem em discussão a existência dos Anjos da Guarda e os Santos Doutores e a Liturgia que a afirmam, um católico lúcido sabe por quem optar. Coloca a autoridade dos teólogos e dos exegetas por baixo da do Magistério, e não por cima — nem sequer ao mesmo nível.²⁴

---

21 Cf. AAS 1962, p. 792.
22 Lc 18, 27.
23 *Vida supra*, p. 7.
24 Esta verdade, tão desconhecida hoje, foi afirmada repetidas vezes pelo Sumo Pontífice, sobretudo nos seus discursos a teólogos (Cf. alocução de 6-X-1969 à Comissão Teológica Internacional, AAS 1969, pp. 713-716).

Uma posição estratégica

Se é certo que a guarda dos anjos se exerce sobre o ambiente material da nossa vida de cada dia, também se realiza sobretudo, segundo parece, na nossa vida psíquica.[25] Atuam sobre a nossa imaginação, sobre a nossa memória e sobre a nossa sensibilidade, por meio de imagens e de movimentos, para nos iluminar, para nos afastar do mal e para nos levar ao bem.

A ação do anjo não pode penetrar diretamente na inteligência e na vontade. Estas faculdades são-lhe inacessíveis. Nelas somente penetra Deus. Os anjos — os bons e os rebeldes — têm livre acesso à imaginação, à memória e à sensibilidade do homem sem que possam levar mais além o seu domínio. Este, certamente, alcança também a inteligência e a vontade, mas indiretamente, proporcionando-lhes dados[26] para que os elaborem.

Poderíamos deduzir que a influência do anjo sobre o psiquismo dos homens é insignificante? Seria um erro perigoso. Para nos convencermos, basta pensar no papel que desempenham as imagens, as sensações e os sentimentos na nossa conduta. Têm uma posição verdadeiramente estratégica. Sem constrangerem a vontade na sua escolha, exercem sobre ela uma influência preponderante — influência que se converte em

---

25 Cf. *Suma teológica*, I, q. 113, a. 5, ad 2.
26 Cf. *Ibidem*, I, q. 111.

decisiva quando o sujeito não tem uma inteligência lúcida e uma vontade aguerrida, capazes de desmascarar as seduções das imagens e de resistir contra os puxões da sensibilidade. Esta perspicácia e esta energia espiritual são patrimônio de uma «elite». Como observa São Tomás, «a maior parte dos homens segue a inclinação dos seus sentidos». Estão à mercê das imagens, das sensações e das paixões.

A experiência confirma-o: não é suficiente, em crianças e mesmo em muitos homens adultos, fazer brilhar esta ou aquela imagem — um caramelo, um brinquedo, um filme, uma diversão, um encontro — para lhes despertar um desejo ardente e às vezes até irresistível? Será necessário tornar a chamar a atenção sobre a influência decisiva do cinema, da rádio e da televisão sobre os homens de hoje? Estes meios de comunicação social atuam sobre a imaginação e a sensibilidade, as quais, por sua vez, influem sobre a inteligência e sobre a vontade dos homens.

Numa palavra, ignorar o papel das imagens e dos sentimentos na vida cotidiana pode conduzir a infravalorizar a influência dos anjos, bons e maus, sobre a conduta dos homens e sobre o destino dos povos. Mas reconhecer a influência das imagens e dos sentimentos leva a compreender melhor o pensamento da Igreja sobre o papel dos Anjos da Guarda e sobre o dos demônios na vida das almas e na história da salvação.

Uma súbita extensão de inteligência

A atividade dos anjos parece ter sido um dos temas favoritos da contemplação de Tomás de Aquino. Para recompensar a dedicação do seu secretário, Frei Reinaldo de Priverno, compôs um tratado sobre os anjos (*De substantiis separatis*). Menciona os anjos nas suas orações; trata deles frequentemente na *Suma teológica* e na *Suma contra os gentios*. Reconhece-se seu devedor aqui na terra[27] e exulta com o pensamento de viver um dia no céu acompanhado continuamente por eles. Esta intimidade familiar levou-o a descobrimentos preciosos. Os Anjos da Guarda — escreve na sua primeira grande obra — instruem-nos iluminando as nossas imagens, fortalecendo a luz da nossa inteligência, levando-nos a considerar melhor todas as coisas.[28] Mais adiante avançará com novas precisões, mostrando como, à maneira de um bom mestre que sabe explicar bem, o anjo se esmera em compor e dispor as imagens de modo que proporcionem melhores dados à inteligência.[29] Também salientará a influência

---

27 São Tomás de Aquino gostava de recordar o que devia à «assistência intelectual dos anjos»: Ch. D. Boulogne, *Le monde des esprits*, p. 170.

28 *Comentário às Sentenças* II, dis. 11, q. 1, ad 6.

29 «Com as imagens que, como rio inesgotável, correm em nós sem cessar, os anjos efetuam uma triagem, afastando para a sombra as que são grosseiras, malsãs ou inúteis, pondo à luz as mais refinadas, exatas e sãs. Reforçam estas imagens tornando-as ao mesmo tempo mais claras e mais nobres. A maior parte das vezes, não nos damos conta de nada disto. Para o bem ou para o mal, a ação do espírito puro em nós é essencialmente discreta; a do demónio, por astúcia; a do anjo, por pudor [...]. Na imaginação o anjo cura as nossas imagens; por meio do jogo de ideias, enriquece os nossos pensamentos. Ajuda-nos sem o

misteriosamente fortalecedora do contato do anjo com o espírito do homem.[30]

Uma mística francesa contemporânea, dotada de uma rara lucidez intelectual, analisa nestes termos a irradiação secreta do Anjo da Guarda: «Quando a alma está unida aos anjos, experimenta como que um acréscimo das suas faculdades. O astrônomo que aproxima a sua vista de um telescópio descobre horizontes que a intensidade da sua vista natural não alcança. O efeito produzido na alma é mais ou menos análogo quando, pelo contato espiritual que a une ao anjo, experimenta uma súbita extensão de inteligência e de amor.»[31] Trata-se de um mistério que Lucie-Christine renuncia a explicar, mas que ela conhece porque o experimentou. Ampliação das faculdades, extensão de inteligência e de amor, assinala a mística; reforço da inteligência, ensina por seu lado São Tomás; estas duas observações têm o mesmo sentido; ambas evocam uma ação profunda dos Anjos da Guarda, embora a sua natureza seja difícil de precisar.

Se «nesta vida não podemos conhecer a natureza dos anjos», é natural que tenhamos poucas luzes sobre o seu modo de atuar. Encontramo-nos ante um mistério que nos convida, não a suspender as nossas investigações e a nossa contemplação, mas

---

proclamar. Do mesmo modo, na busca da verdade, ignoramos com frequência a parte que devemos ao anjo. Quem saberia dizer qual foi a gênese dos nossos próprios pensamentos e pretender ver com clareza na química complexa e misteriosa do espírito?» (Ch. D. Boulogne, *op. cit.*, pp. 166-167).

30 *Suma teológica*, I, q. 11 a. 1. Cf. *De veritate*, XI, 3 ad 12; *Quodlib.*, 9, a. 10 ad 3.
31 *Journal Espirituel de Lucie-Christine* (1870-1908), 6-X-1883.

a renunciar à soberba secreta de querer compreender tudo e tudo explicar.

A sua proximidade fortalece-nos

Por meio de comparações tiradas da vida cotidiana, um teólogo descreve a irradiação secreta do anjo sobre as pessoas que estão abertas à verdade e ao bem.

> Como observa São Tomás, a simples proximidade e o simples contato do anjo são suficientes para nos fazer melhores. O santo ensina que, orientando-se para os anjos inferiores ou para as almas humanas, e aproximando-se deles, os espíritos celestiais dão-lhes forças comunicando-lhes alguma coisa da sua própria perfeição. O fogo irradia e estende à sua volta o calor; a chama difunde a luz; o movimento de um corpo sólido atirado à água propaga-se de círculo em círculo até a margem. Do mesmo modo, o contato com uma pessoa virtuosa faz-nos melhores. Se nos aproximamos de um santo, ainda que não lhe falemos, sentimo-nos penetrados por não sei que aspiração para a virtude, para o bem, para a santidade.
> Do mesmo modo, o mundo dos espíritos irradia calor, luz e virtude. Dele emana uma brisa misteriosa, íntima, profunda, como um eflúvio espiritual, que comunica qualidades e perfeições.
> Por que não teríamos de receber algo de tudo isso do espírito celestial que está sempre ao nosso lado? Assim, pois, com os mais importantes teólogos, podemos crer que a sua proximidade nos fortifica, nos purifica, nos faz melhores do que seríamos.
> Esta influência benéfica torna-se quase visível e palpável na vida dos santos. Se eles, ainda que feitos

como os demais homens, sujeitos às mesmas paixões e às mesmas misérias, elevam-se até uma perfeição quase angélica, não seria de atribuir este progresso também à influência do seu anjo?[32]

Intervenção dos objetos através da imaginação, intensificação do vigor da inteligência por um misterioso contato: esta é, segundo expressão de J. Legrand, «a ação intencional exercida pelo anjo sobre a inteligência do homem».[33]

Mas, ao receber do anjo este aumento de poder intelectual, não é inevitável que saibamos qual é o poder a que estamos submetidos ou de que generosidade estamos beneficiando? Não, responde o J. Legrand com São Tomás: não há necessariamente comunicação pessoal de espírito a espírito, já que o homem, iluminado pela ação dos anjos, pode não se aperceber disso; neste caso pode muito bem considerar que foi favorecido por uma feliz casualidade.[34] O homem recebe a luz e aproveita-se dela, sem dar conta de que o

---

[32] A. Arrighini, *Gli angeli buoni* e *cattivi*, Roma, 1937, p. 431. Grandmaison analisa a irradiação dos amigos de Deus: «É um fato reconhecido que as almas puras irradiam, inspiram, bons pensamentos, afastam os maus, atuam a modo de um "sacramento" (salvo bem entendido, a graça *ex opere operato*, e guardando a devida proporção e respeito). "Deus está aí": isto é o que se diz quando uma pessoa se aproxima de um Estanislau de Kostka, um João Berchmans, um Luís Gonzaga, uma Rosa de Lima, uma Catarina de Sena. Os meninos e os pecadores (se estes últimos estão tocados pela *graça*) sentem particularmente esta influência, porque estão especialmente sintonizados — ou dessintonizados, e sofrendo por essa falta de sintonia — com as almas puras, dada a atração que sobre tantos homens e tantos pecadores exerce a devoção à Santíssima Virgem» (*Ecrits spirituels*, I, «Conferences», p. 20).

[33] *L'Univers et l'homme dans la philosophie de Saint Thomas*, t. II, p. 63.

[34] *Summa contra gentiles*, III, cap. 92.

seu vigor intelectual ou a facilidade com que decifra a inteligibilidade das coisas é o resultado da cooperação angélica; para que haja comunicação espiritual propriamente dita seria necessário que o destinatário desse conta de que recebe «uma mensagem» de outro e de que essa mensagem provém de uma iniciativa pessoal desse outro. Mas não é esse o caso do homem, quando tem a sorte de fazer um descobrimento.[35]

Do mesmo modo que as gotas de água impregnam uma esponja

A este respeito, São Tomás apresenta uma objeção: «Todo ser que está iluminado tem consciência de que o está. Ora, os homens não têm consciência de estar iluminados pelos anjos. Logo não estão.» Aqui temos, já em plena Idade Média, posta em dúvida a ação dos Anjos da Guarda sobre o espírito humano.

São Tomás vê a solução da dificuldade numa distinção entre a iluminação, que é percebida, e o autor desta iluminação, que não aparece.[36]

Os espectadores assistem à projeção de um filme sem ver o operador. Ninguém poderá concluir desse fato que o operador não existe. Está presente, mas invisível. Do fato de o olho ver os frutos de uma árvore, sem discernir as raízes metidas na terra, ninguém deduzirá que elas são

---

35 Cf. J. Legrand, *op. cit.*, pp. 60-61.
36 Cf. *Suma teológica*, I. q. 111, a. 1 ad 3.

uma invenção dos engenheiros agrônomos. Isso é o que acontece com a iluminação que operam os anjos: a iluminação é evidente, embora o agente fique escondido.

Não há dúvida de que, às vezes, é muito difícil identificar a origem das imagens que circulam no nosso espírito. Há algumas que estão manifestamente ligadas a pensamentos e sensações precedentes. Outras, relacionadas com o nosso passado, parecem surgir do subconsciente. Como reconhecer as que provêm dos anjos, bons ou maus?

Nos *Exercícios espirituais,* Santo Inácio de Loyola dá algumas regras precisas para discernir as inspirações do anjo bom e as tentações do mau. As primeiras proporcionam serenidade e paz à alma, enquanto as segundas causam perturbação e inquietação.

Citemos a regra sétima, que explica por que, segundo as disposições morais do sujeito, os toques dos anjos são uma vez duros, mas outras suaves e mal perceptíveis. «Em quem progride de bem para melhor, o anjo bom procede por meio de toques discretos, ligeiros, suaves como gotas da água que impregnam uma esponja; o anjo mau, por meio de toques mais ou menos dolorosos, com ruído e agitação, como gotas de água que caem sobre pedra. Quanto aos que vão de mal a pior, esses espíritos atuam de maneira inversa. A causa está na disposição da alma, contrária ou semelhante à dos citados anjos. É contrária? Os espíritos entram com ruído e comoção e, por conseguinte, de maneira perceptível. É semelhante? O espírito entra sem ruído, como em casa própria cuja porta está aberta.»[37]

Certos homens, dotados de um sentido psicológico agudo, sentem às vezes com muita nitidez que tal ou qual ideia lhes veio de um ser exterior. Muito acertadamente dizem-se então inspirados. Experiências semelhantes se encontram inclusive em espíritos modernos estranhos à tradição cristã.[38]

Os anjos têm idas e vindas livres na imaginação e na sensibilidade do homem, mas sempre dentro do esquema das disposições divinas. O anjo pode entrar e sair à sua vontade, de dia e de noite, durante as horas de trabalho e nos momentos de descanso, no meio da agitação de uma multidão ou na paz da solidão. O homem, pelo contrário,

---

37 *Exercícios espirituais*, «Regras para o discernimento de espíritos», 2ª série.

38 Étienne Souriau, antigo professor da Sorbonne, julga que haveria investigações interessantes a fazer sobre a intervenção misteriosa na nossa vida cotidiana por parte de seres intermediários entre Deus e os homens. «Todos os homens poderiam dizer: "Tal dia, a tal hora, em tais circunstâncias, tive o sentimento de receber uma espécie de mensagem que me deu luzes e que me orientou"; todos estes dão testemunho de uma experiência positiva a ter em conta no estudo deste problema. Neste mesmo teor», prossegue, «pareceu-me que podia falar noutras ocasiões, a propósito da criação artística, da intervenção do que eu cri que se poderia chamar "o anjo da obra", essa força que desperta em plena noite o artista para o forçar a pensar na sinfonia começada, na estátua ainda inacabada, na obra dramática esboçada, e que o obriga a crer que o acabamento e a perfeição total dessa obra são para eles o mais importante vitalmente» (exposição *Sobre o anjo ante os filósofos*, no Colóquio *Anges démons et êtres intermédiaires*, pp. 32-33).

Nesta exposição, Étienne Souriau fala como psicólogo, independentemente dos dados da Revelação. Ao seu colega Jean Guitton, confiava que tinha a «experiência de seres intermediários, propícios, e que eram nossos guias não só para as nossas pessoas, mas também para as nossas agremiações».

não tem as mesmas possibilidades de influência sobre os outros homens. Não pode sair-lhes ao encontro em qualquer lugar em que estejam, e não pode pôr-se em comunicação com eles num abrir e fechar de olhos. Uma jovem deve esperar às vezes semanas e meses antes de voltar a ver o noivo; um pai que tenha o seu filho num colégio afastado está dificilmente com ele. Coisa diferente ocorre com os Anjos da Guarda. Podem estar continuamente em contato com o seu protegido. Para eles não há prazos, não há distâncias, não há separações. Esta proximidade apresenta uma vantagem a que João XXIII aludia quando afirmava que, por intermédio dos nossos Anjos da Guarda, podemos a todo momento estabelecer uma comunicação uns com os outros.

Esta afirmação pode parecer sem importância. No entanto, se se reflete, vê-se que é profunda. É de um valor prático considerável para as relações humanas, quer se trate de amizade, de educação, de apostolado, de diplomacia e mesmo de política.

«Dirija-se ao meu Anjo da Guarda»

Vimos anteriormente como, antes da sua entrevista com o general Von Beseler, governador de Varsóvia, o futuro Papa Pio XI, então visitador apostólico na Polônia, mobilizou com êxito o Anjo da Guarda do seu interlocutor.

Vimos também que Pio XI, apoiado na sua própria experiência, aconselhava a Monsenhor

Roncalli, seu futuro sucessor, então visitador apostólico na Bulgária, que recorresse à mediação dos Anjos da Guarda antes de travar conversações difíceis.

Quando subia ao púlpito, São Francisco de Sales fazia uma pausa para passear o olhar sobre a assistência; desta maneira saudava os anjos dos seus ouvintes, rogando-lhes que dispusessem favoravelmente os seus protegidos. São Paulo da Cruz, fundador dos passionistas, fazia o mesmo.

«Quando tiver necessidade do meu coração, dirija-se ao meu Anjo da Guarda por intermédio do seu», tinha o costume de dizer aos seus amigos o Padre Pio.

Poderiam trazer-se aqui à colação fatos autênticos que dariam testemunho desta diplomacia secreta. Quando estão em relação com homens que «buscam em primeiro lugar o reino de Deus e a sua justiça», os Anjos da Guarda manifestam-se como mensageiros seguros e rápidos.

Um automóvel com peregrinos a caminho de San Giovanni Rotondo, lugar de residência do Padre Pio, sofreu uma terrível tormenta de noite, nos Apeninos. Depois dos primeiros momentos de pânico no meio de relâmpagos, recordaram o conselho do Padre Pio e invocaram o seu anjo. No dia seguinte, antes de que tivessem ocasião para contar as peripécias da sua viagem, o religioso abordou-os sorrindo: «Bem, meus filhos, esta noite despertastes-me e tive de rezar por vós...» O Anjo da Guarda tinha executado fielmente a sua missão, levando ao convento de San Giovanni Rotondo o pedido de socorro lançado durante a noite, no meio de montanhas a quilômetros de distância.

Uma mãe não pode sempre atuar diretamente sobre um filho ou uma filha a quem sabe no meio de perigos para a sua fé ou para a sua conduta. Mas em compensação pode chegar até eles, em qualquer momento do dia e da noite, pelo meio que indica João XXIII: a rede de comunicações invisível do mundo angélico. A um rapaz assediado pela tentação, o anjo, mobilizado pela sua mãe, pode recordar-lhe de repente um bom propósito ou uma promessa. E esta recordação luminosa pode ser decisiva. Às vezes necessita-se muito pouco para dobrar uma vontade indecisa. Os Anjos da Guarda estão precisamente ao serviço dos homens no seu caminho para Deus.

É verdade que os anjos não podem suplantar os seus protegidos, pois isto seria subverter a ordem estabelecida por Deus, que quer que cada ser atue na medida das suas possibilidades; mas desejam assistir ao homem em todas as circunstâncias em que este se encontra em inferioridade de condições. Pouco importa que esta insuficiência seja apenas sensível ou, pelo contrário, notória. «O desejo de ajudar-nos que tem o nosso Anjo da Guarda», observa São João Bosco, «é muito maior que o que nós temos de ser ajudados por ele».[39]

---

39 *Memorie biografiche*, II, 264.

Aos seus juízes, que lhe tinham perguntado insidiosamente se os anjos que lhe apareciam estavam nus, Joana d'Arc deu-lhes estas resposta cheia de humor e de sabedoria cristã: «Creem os senhores que Deus não tem tecido bastante para vestir os seus anjos?» De modo semelhante se poderia responder aos cristãos que duvidam do poder dos anjos e da oportunidade de recorrer à sua ajuda: «Pensais que Deus não tem suficientes recursos para fazer os anjos capazes da sua missão no meio dos homens?»

Para espargir o que transborda

Certamente ainda se apresentam duas dificuldades capazes de travar a confiança do cristão na guarda dos anjos.

Primeira objeção: por que complicar as coisas? Por que introduzir esta mediação dos anjos? Por que não ligar o homem a Deus diretamente? Não seriam as coisas muito mais simples assim?

A sabedoria não consiste em elucubrar sobre o que poderia ser, mas antes está em descobrir as coisas tal como são. Certamente Deus teria podido prescindir do concurso dos anjos. E poderia num instante desmobilizar as miríades de Anjos da Guarda que atualmente estão em atividade na terra, nos países da velha cristandade como nas terras da África e da Ásia, levando a cabo Ele mesmo o trabalho que fazem tanto com os cristãos como com os muçulmanos e os budistas, entre os fiéis ou entre os ateus.

Uma operação semelhante faria brilhar a onipotência de Deus, mas refletiria menos o seu amor. Este aspira a difundir-se, como o sol tende a difundir a sua luz. Este amor leva Deus a dar sem medida em todos os campos. A obra criadora deste amor vai desde o mundo mineral até o mundo dos espíritos; abarca as miríades de estrelas da Via Láctea e as miríades de anjos no céu. Ora, observa São Tomás, o amor de Deus não se limita a dar a existência e a vida aos seres; na sua necessidade de difundir-se, comunica-lhes também a dignidade de causa.[40] Dá à flor a possibilidade de produzir sementes, germes de outras flores; dá ao homem e à mulher a faculdade de transmitir a vida a outras criaturas humanas. Associa os sacerdotes à sua obra de difusão da verdade revelada e da vida sobrenatural por todo o mundo. Do mesmo modo, associa os anjos à sua obra de governo do universo.

Por insuficiência pessoal, um chefe recorre à ajuda de colaboradores; por superabundância de vida e de recursos, Deus associa os anjos ao governo do mundo e confere-lhes a dignidade de causa. O homem tem demasiado pouco; Deus tem infinitamente muito, se podemos exprimir-nos assim, e para derramar o que transborda cria e distribui miríades de Anjos da Guarda.

---

[40] «Deus não é um relojoeiro, um fabricante de relógios; é um fazedor de naturezas. O mundo não é um relógio, mas uma república de naturezas» (Jacques Maritain, *Raison* et *raisons*, p. 62).

Sem dúvida que semelhante maneira de atuar pode desconcertar espíritos que medem as coisas de Deus com a rasoura dos homens. Mas deixa de surpreender quando, com as perspectivas superiores da fé, nos esforçamos em ver as coisas com os olhos de Quem disse: «Os vossos pensamentos não são os meus pensamentos, e os meus caminhos não são os vossos caminhos. Tão alto como o céu está por cima da terra, igualmente, altos estão os meus caminhos por cima dos vossos, e os meus pensamentos por cima dos vossos pensamentos.»[41]

A fonte e o canal

A segunda dificuldade refere-se às relações recíprocas entre Deus e o Anjo da Guarda na assistência concedida aos homens. Existiria entre Deus e o anjo uma espécie de independência trabalhando cada um por sua conta? Ou uma espécie de desafio, de emulação, sem que um pudesse prestar a ajuda prestada pelo outro? Seria o Anjo da Guarda semelhante a um embaixador ou a um vigário-geral tentado a ultrapassar os limites da sua competência à custa da autoridade superior? Por outro lado, se a guarda do anjo tende principalmente a iluminar a inteligência do seu protegido, que se faz do papel do Espírito Santo nas inspirações do alto? Numa palavra, porque complicar as coisas com uma mediação dos anjos?

---
41 Is 55, 8-9.

A verdade é que não há nem emulação, nem desafio, nem oposição entre Deus e o Anjo da Guarda. Antes existe uma colaboração, como a que existe entre o Ministro do Interior e os governadores dos estados, que executam as suas ordens. Deus é a fonte das graças; umas descem diretamente sobre as almas, enquanto outras chegam aos homens por intermédio dos anjos. Há graças que Deus outorga diretamente, porque não poderiam ser «manejadas» pelos anjos. Há algumas atividades que o sacerdote pode deixar nas mãos dos leigos, mas não poderia encarregá-los de que o substituíssem no confessionário ou de que celebrassem o Santo Sacrifício. Estes atos sagrados superam as possibilidades do leigo. Do mesmo modo, a penetração direta no interior das almas excede as faculdades do anjo. Nisto Deus deve intervir pessoalmente.

Para fazer o bem, o homem necessita cumprir com duas condições, explica São Tomás: primeira, que a vontade esteja inclinada para o bem, o que se realiza em nós pela virtude moral; segunda, que a razão descubra os caminhos convenientes para fazer o bem: este é o papel da prudência. Para a primeira condição, o mesmo Deus ajuda diretamente o homem infundindo-lhe a graça e as virtudes; quanto à segunda, Deus ajuda o homem indiretamente através dos anjos, que são o canal das suas luzes.[42]

---
42 *Suma teológica*, I, q. 113, a. 1 ad 2

Deus é o dono universal e o guardião universal, e atua também servindo-se de donos e de guardiões subordinados, executores das suas ordens. Deus opera na cúspide da pirâmide, e os anjos cooperam em níveis inferiores. Longe, pois, de se exprimirem em termos de competência ou de oposição, as relações dos anjos com Deus apresentam-se como colaboração.

Os mestres espirituais insistem nesta distinção. Destacam a superioridade dos dons conferidos diretamente por Deus à alma, como sublinham também a origem divina das luzes que o Anjo da Guarda proporciona ao homem. Os bons pensamentos provêm originariamente de Deus, ainda que nos cheguem pelo ministério dos anjos.[43] O canal é tributário da fonte.[44]

Não só perto de nós, mas em nós

O anjo não nos dá a compunção de coração, observa São Boaventura, mas indica-nos a sua fonte. E o Santo Doutor recorda-nos com o salmista: «Ele [Deus] é quem sara os nossos corações contritos.»[45] É o mesmo Deus quem enche de luz as nossas almas, afirma São Bernardo, ou

---

43 *Ibidem*, I, q. III, a. 2 ad 2.
44 «O Espírito Santo nem sempre nos inspira diretamente por si. Às vezes vale-se do Anjo da Guarda, de um pregador, de um bom livro, de um amigo; mas sempre é Ele, em última instância, o principal autor daquela inspiração» (António Royo Marin, *El gran desconocido. El Espiritu Santo y sus dones*, Madri, 1972, p. 211).
45 *Quinto sermão sobre os anjos*, citado no 2º noturno da festa do Arcanjo São Rafael.

nos visita por meio dos anjos, ou nos instrui por meio dos homens, ou nos consola por meio das Escrituras.[46] «Os anjos e os arcanjos estão no ar e assistem-nos», escreve ao seu discípulo, que depois foi o Papa Eugénio III, «mas quem dá crescimento em nós à semente que eles plantaram é Aquele que não só está perto de nós, mas que está em nós. Se me dizes que o anjo também pode estar em nós, não o discuto, pois recordo-me bem que está escrito: "O anjo que falava em mim."[47] Mas há uma diferença grande. Os anjos estão em nós por meio dos bons pensamentos que nos sugerem, e não pelo bem que atuam no nosso interior. Exortam-nos para o bem, mas não o criam em nós. Pelo contrário, Deus está em nós de tal sorte que afeta diretamente a nossa alma, derrama nela os seus dons, ou melhor, é Ele mesmo quem se lança na nossa alma e nos faz participar da sua divindade. Os anjos estão com a nossa alma, mas Deus está dentro dela. Os anjos habitam com ela sob o mesmo teto, mas Deus está com ela como a sua vida.»[48]

Segundo São João da Cruz, o predomínio das intervenções diretas de Deus na alma, sem a mediação do Anjo da Guarda, como nas etapas inferiores, é o que caracteriza os estados superiores da vida espiritual. «A qualidade especial desta união da alma com Deus no desponsório

---

46 Sermão 11 sobre o Salmo *Qui habitat*.
47 Zc 1, 14.
48 *De consideratione*, 1, 5, cap. 5.

espiritual é que Deus atua nela e comunica-se-lhe por si só, sem o concurso dos anjos como antes, e sem o auxílio das faculdades naturais.»⁴⁹ Deus então comunica-se à alma «sem a mediação dos anjos, dos homens, de uma visão ou de uma representação». «Os sentidos exteriores e interiores, todas as criaturas juntas e a mesma alma, são muito pouca coisa para secundar a Deus quando outorga as maravilhosas graças da ordem sobrenatural, próprias do desponsório espiritual.»⁵⁰

A doutrina tomista sobre os carismas ilumina esta distinção. Os carismas, como por exemplo o dom de línguas, o discernimento de espíritos, a profecia, têm uma função essencialmente social: a alma recebe-os não para o aumento da sua vida espiritual, mas para a instrução e a direção dos outros. Os carismas descem de Deus como da sua fonte, indica São Tomás, mas chegam até os homens pelo canal dos anjos.⁵¹

Nada que possa desconcertar o que crê

A história da Igreja contemporânea apresenta duas pessoas abundantemente dotadas de carismas: Teresa Newmann, a estigmatizada de Konnersreuth, e o Padre Pio, de San Giovanni Rotondo. Numerosas testemunhas referem que no confessionário o capuchinho estigmatizado

---

49   *Cântico espiritual*, 34.
50   *Ibidem*.
51   *Suma teológica*, II-II, q. 172, a. 2, ad 2.

compreendia línguas estrangeiras que desconhecia, e que além disso lia no segredo dos corações, até o ponto de completar às vezes as confissões feitas por alguns penitentes: «Não confessou tal pecado cometido em tal circunstância...» Sabe-se, além disso, que o Padre Pio seguia o conselho de Pio XII: vivia numa intimidade grande com o seu Anjo da Guarda.[52] Deus servia-se deste intermediário invisível para revelar ao Padre Pio faltas e estados de alma, e por meio dele dava-lhe a compreensão de línguas desconhecidas.

Teresa Newmann mostra-nos um trato familiar semelhante com o seu Anjo da Guarda, unido a carismas que deixavam estupefatos os que a visitavam. «Teresa, em estado normal, vê continuamente um homem de luz, um anjo, à sua direita (como o vê à direita de outras pessoas), e está em contínuo colóquio com ele. Este anjo revela-lhe o que deve saber acerca da vida escondida ou do estado de alma dos seus visitantes... O que às vezes se toma por um conhecimento intuitivo dos corações, e de que tantas vezes se citam exemplos, nela é, realmente, o efeito de uma revelação, o que é totalmente diferente.»[53] Ela sabe inequivocamente se as pessoas que a vão ver ou que encontra na povoação comungaram há pouco tempo.[54]

---

[52] Chamava-lhe «companheiro da minha infância», segundo conta o seu colega Padre Eusébio da Castelpetroso.

[53] Ennemond Boniface, *Thérèse Newmann la stigmatisée*, Paris, 1956, p. 169.

[54] *Ibidem*, p. 174.

Se estes fenômenos, devidamente comprovados, podem desconcertar um não crente, não têm por que causar surpresa ao cristão. O cristão sabe que Deus é amor, que arde por repartir com profusão as suas graças, e que para isso se serve normalmente da colaboração dos anjos.
Portadores de carismas, participam os Anjos da Guarda na distribuição dos dons do Espírito Santo? Aqui é preciso fazer uma distinção. Enquanto determinados dons afetam diretamente a inteligência (sabedoria) ou a vontade (fortaleza), outros dons (conselho, ciência) dizem respeito à razão discursiva, que tira os seus elementos dos sentidos exteriores e dos sentidos interiores. Parece, pois, que alguns dons do Espírito Santo chegam à alma sem intermediário, ao passo que outros alcançam o espírito indiretamente pela mediação dos anjos.

Nem greves nem férias

«Ordenou aos seus anjos que te guardem em todas as tuas idas e vindas»; este versículo da Sagrada Escritura, como outros textos bíblicos, encerra profundidades e apresenta possibilidades de aplicação que não se revelam senão pouco a pouco à contemplação.
Dizer que os anjos nos guardam *em todas as nossas idas e vindas* não é afirmar que a sua vigilância abrange de um modo absoluto toda a nossa vida,

a infância, a idade adulta e a velhice, as noites e os dias, as horas de trabalho e os momentos de descanso, o tempo fugaz das alegrias e as horas intermináveis da dor? Os anjos nunca têm férias. Nem no verão nem no inverno. Estão de serviço todos os dias; trabalham 24 horas. Para conseguir vantagens ou melhorias materiais ou morais, os que ganham um ordenado param às vezes o trabalho. Com os Anjos da Guarda não há greve, nem geral, nem alternativa, nem intermitente. Desde o momento em que um ser humano vê a luz até a hora em que, jovem, adulto ou ancião, dá o seu último suspiro antes de comparecer diante de Deus, o seu Anjo da Guarda está a seu lado, ano após ano, mês após mês, dia após dia, hora após hora, sem um minuto de ausência.[55]

Considere-se do ângulo do protetor ou daquele do protegido, as razões desta continuidade sem falhas são manifestas. Deus ordenou aos seus anjos que guardem o homem em todas as suas idas e vindas. Ora, nada nos anjos pode inclinálos à mínima infração das ordens recebidas. Não há nada neles de infidelidade, de indelicadeza, de incoerência, de esquecimentos, de ausências, como as há nos homens. «Bendizei ao Senhor, todos os anjos, heróis poderosos, executores das suas ordens, atentos ao som da sua voz», reza o

---

55 «Alexandra», perguntamos um dia a uma menina italiana de seis anos, filha de um casal de médicos profundamente crentes, que estavam a passar férias num povo da montanha, «também tem férias o teu Anjo da Guarda?» Ao que ela: «Não, senhor: fica sempre ao meu lado, pois, se me abandonasse, eu tornar-me-ia má...»

salmista. A Igreja incluiu estes versículos na Missa dos Anjos da Guarda.

Os anjos veem a Deus continuamente, afirma Jesus. A sua guarda não é mais do que uma consequência desta contemplação ininterrupta. Visão de Deus e guarda dos homens constituem para eles uma mesma atividade.

A esta perfeição de fundo e permanente no anjo protetor corresponde a imperfeição congênita e contínua do protegido. Sem um momento de descanso, o demônio está à espreita para afastar o homem de Deus. A continuidade do mal reclama a continuidade do remédio, assim como a permanência da ameaça exige a permanência da defesa. Um comandante não desmobiliza as suas tropas enquanto o inimigo mantém divisões nas fronteiras do país. O médico não abandona os seus doentes enquanto não estiverem sãos.

Todo o homem e a todo homem

Uma terceira dimensão caracteriza a guarda dos anjos. Não somente se estende a todos os tempos da história e a todas as regiões da terra, como abrange todas as atividades do homem.

Corpo e alma, *habitat*, vestuário, alimento e condições de vida, saúde do corpo e atividades do espírito, trabalho e oração: tudo o que tem a ver com o homem interessa ao anjo.

Como mostram numerosos episódios das Sagradas Escrituras, os anjos fazem chegar a sua solicitude até realidades que podem parecer-nos insignificantes ou pouco dignas de um «príncipe da corte celeste», como proporcionar alimento a um profeta exausto no deserto, a cura de um ancião cego pelo excremento de uma andorinha ou a participação ativa numa guerra defensiva. Também a hagiografia apresenta numerosos exemplos da condescendência dos anjos para as humildes realidades da vida.

Nestes espíritos celestes não há o mínimo desprezo pelas ocupações que se consideram vulgares, pois nada do que está ordenado ao serviço de Deus e ao serviço dos homens que Deus ama é vil aos seus olhos.

Logo que uma atividade boa em si se orienta para Deus, afirma São Tomás, essa atividade *diviniza-se* de certo modo. Por mais trivial que possa parecer, eleva-se muito acima das ocupações mais nobres levadas a cabo com objetivos simplesmente humanos. Quando se ocupava no arranjo da casa de Nazaré, a Virgem Maria realizava uma tarefa de uma elevação moral infinitamente superior à de um monarca orgulhoso que presidisse aos destinos de um império.

Conhecer a Deus, amá-lO e servi-lO, amar os homens por Deus: este é o objetivo de toda a vida humana, e precisamente toda a atividade dos Anjos da Guarda aponta para este fim. Ora, não é a oração a mola profunda desta elevação para Deus?

A sua presença no culto dos homens a Deus

Compreende-se o papel capital que os anjos desempenham na oração oficial da Igreja e na oração pessoal.

Depois de Erik Peterson (*O livro dos anjos*), o Cardeal Daniélou principalmente (*Os anjos e a sua missão*) e Dom Cyprien Vaggagini (*O sentido teológico da liturgia*) se aprofundaram «neste aspecto da vida litúrgica, esquecido e pouco conhecido».

Com efeito, a inserção da oração, pública e privada, dos fiéis na liturgia celestial dos anjos e a presença destes no culto que os homens tributam a Deus merecem a nossa especial atenção, pois com demasiada frequência é algo que passa inadvertido, inclusive entre cristãos plenamente metidos na renovação litúrgica decretada pelo Concílio Vaticano II. Esquece-se muito frequentemente que os anjos, que contemplam sem cessar a face de Deus, são os adoradores por excelência. São mestres de liturgia.

Todo o culto da Igreja terrestre é de fato uma participação no culto que os anjos e os eleitos no céu tributam a Deus; um e outro têm o mesmo objeto, Deus, e o mesmo impulso espiritual, Cristo, Cabeça do Corpo Místico. Esta tese depreende-se não só da Sagrada Escritura, mas também da Tradição da Igreja e dos mesmos textos litúrgicos.

«Não há mais do que uma ação sacerdotal, que é a de Jesus Cristo», explica Daniélou. «Por meio dela a Criação inteira glorifica a Trindade. Esta mesma ação é a que os anjos oferecem no céu e os santos, na terra. Esta participação aparece no Novo Testamento. A liturgia da Igreja apresenta-se no Novo Testamento como uma participação na liturgia dos anjos. Assim na Epístola aos Hebreus: "Vós, porém, aproximastes-vos [...] da cidade do Deus vivo, da Jerusalém celeste, da multidão de muitos milhares de anjos, [...] e do sangue purificador, que fala melhor que o de Abel" (Hb 12, 22-24). Quanto ao Apocalipse, é todo ele a visão do culto cristão dominical que o visionário contempla como prolongado na liturgia celeste.»[56]

Falando do Sacrifício da Missa, o Cardeal Daniélou assinala de que modo «o desenvolvimento da liturgia terrestre é como um reflexo visível, um símbolo eficaz, da liturgia dos anjos. Esta unidade dos dois cultos está expressa na mesma liturgia do Prefácio, que convida a comunidade eclesial a unir-se aos tronos e às dominações, aos querubins e aos serafins, para cantar o hino seráfico, o Triságio.»[57]

«Reflete em quem tens a teu lado e com quem vais invocar a Deus», exorta São João Crisóstomo: «com os mesmos querubins. Pensa em que coros vais tomar parte. Que não haja ninguém que se associe negligentemente a estes hinos sagrados e místicos. Que ninguém se distraia com pensamentos profanos, mas antes, desprendendo-se de todas as coisas terrestres e transportando-se

---

56 *Les anges et leur mission*, p. 86.
57 *Ibidem*, p. 87.

inteiramente ao céu, como quem está ao lado do mesmo trono da glória e voando com os serafins, cante o hino muito santo do Deus de glória e de majestade.»[58]

Comentando a Epístola aos Colossenses (3, 8), o Santo Doutor observa: os catecúmenos podem associar-se na Missa ao *Gloria in excelsis Deo*, cântico dos anjos inferiores, enquanto o *Sanctus*, cântico dos serafins, está reservado aos iniciados, aos batizados.

Dom C. Vaggagini assinala uma inspiradora relação entre o Triságio dos serafins, incluído no Prefácio da Missa, e a terceira petição do Pai-nosso, em que Cristo ensina os homens a imitar na terra a conduta dos anjos no céu. «É certo que a tripla aclamação de *Santo,* que, segundo Isaías, gritavam, alternando, os serafins ao Senhor, era usada pelos hebreus na liturgia do serviço da Sinagoga, denominando-se *Kedushah,* quer dizer, a "santificação": santificação do nome de Deus. Não seria coisa surpreendente que, do uso judeu, tenha passado à oração dos cristãos dos primeiros tempos, uma vez que na mesma oração dominical pediam eles todos os dias a Deus que seja "santificado" na terra o seu nome do mesmo modo como o é nos céus pelos anjos.»[59]

Apoiando-se numa exegese penetrante de Orígenes, justificada por estudos recentes da arte poética de Qumrân e, sobretudo, na interpretação

---

58 *Homilia IV sobre* a *incompreensibilidade de Deus.*
59 *El sentido teológico de la liturgia,* p. 334.

que disso faz o Catecismo do Concílio de Trento, um biblista contemporâneo, o Pe. Jean Carmignac, considera que as palavras «na terra como no céu» se aplicam a cada uma das três primeiras petições do Pai-nosso, e não apenas à terceira, como é crença comum.[60] Assim, Jesus exorta os seus a que sigam o exemplo dos anjos na sua santificação do nome de Deus, na sua cooperação na vinda do seu Reino e no cumprimento da sua vontade.

Daniélou, Vaggagini e Peterson citam outros textos em que se vê como um *leitmotif* este pensamento: a liturgia dos homens na terra está associada à liturgia dos anjos no céu. Nada de estranho há nisso, posto que, como assinala São Tomás de Aquino, «os homens e os anjos estão ordenados a um único fim, que é a glória da bem-aventurança divina. Pois o corpo místico da Igreja não se compõe só de homens, mas também de anjos».[61] É como uma orquestra que se compusesse de uma infinidade de executantes: uns cantam, outros tocam um instrumento, todos apontam para um único objetivo, sob a direção de um único diretor: Cristo. «Porque Cristo comunica a graça aos membros da Igreja, chamamos-lhe Cabeça da Igreja.»[62]

E isto não é tudo. Os Anjos da Guarda, que têm a missão de ajudar o homem em todas as

---

60 *Recherches sur le Notre Père,* Paris, 1969, pp. 112, 133 e 397. «Apesar da autoridade deste Catecismo», acrescenta, «esta recomendação ficou pouco menos que em letra morta nos meios católicos» (p. 113).

61 *Suma teológica,* III, q. 8, a. 4 c.

62 *Ibidem,* III, q. 8, a. 6. ad 2.

suas atividades físicas, intelectuais e espirituais, não seriam fiéis à sua tarefa se não consagrassem, por assim dizer, o melhor das suas energias a estimular e a sustentar a atividade mais necessária e mais nobre dos seus protegidos: o culto a Deus, que pode ser adoração, expiação, ação de graças e petição.

São João Crisóstomo põe todo o seu empenho em fazer compreender aos seus fiéis a presença invisível dos anjos durante o Santo Sacrifício: «Os anjos rodeiam o sacerdote; todo o santuário, e especialmente o espaço à volta do altar, está povoado de exércitos celestiais, em honra dAquele que está sobre o altar.»[63] E, para explanar esta afirmação, tirada da fé, o santo acrescenta uma observação, fruto de uma confidência: «Numa visão, foram vistos anjos à volta do altar, inclinados para o solo, como vemos os guardas diante do rei.» São Tomás também o afirma: «É crença que os anjos visitam as assembleias do fiéis, especialmente quando se estão a celebrar os Santos Mistérios.»[64] Se os monarcas da terra se rodeiam dos seus dignitários, não é conveniente que o Rei dos reis esteja rodeado da sua corte onde quer que se encontre?[65]

Deste modo, a assembleia visível dos fiéis duplica-se com uma assembleia invisível de anjos,

---

63 *Tratado sobre o sacerdócio*, VI, 4.
64 *Comentário* às *Epístolas de São Paulo;* cf. 1 Cor 11, 10.
65 A este respeito, diz Mons. Josemaria Escrivá: «Eu aplaudo e louvo com os Anjos. Não me é difícil, porque sei que me encontro rodeado por eles quando celebro a Santa Missa. Estão adorando a Trindade» (*É Cristo que passa,* n. 89).

como explica Orígenes[66] ao comentar o versículo 8 do Salmo 33: «Se o anjo do Senhor se move à volta dos que o temem, é verossímil que, quando estão reunidos legitimamente para a glória do Senhor, o anjo de cada qual se mova à volta de cada um dos que o temem e que esteja com o homem a quem tem o encargo de guardar e dirigir. De tal modo que, quando os santos estão reunidos, há duas Igrejas, a dos homens e a dos anjos... E assim devemos crer que os anjos assistem à assembleia dos crentes.»

Aos olhos de São Gregório Magno, estas verdades são indiscutíveis: «Que fiel poderia duvidar de que à hora da imolação os céus se abrem à voz do sacerdote, que nesse mistério de Jesus Cristo os coros de anjos estejam presentes, que os seres superiores compartilhem conosco as suas prerrogativas, que os seres terrestres estejam unidos aos seres celestiais e que o visível forma uma só coisa com o invisível?»[67]

Desta presença dos anjos na liturgia dos homens a arte religiosa fez-se testemunha, representando, esculpidos ou pintados, anjos à volta do Sacrário.

Esta presença impõe respeito. Que pessoa bem educada se permitiria uma atitude descuidada ou gestos incorretos diante de uma alta personalidade? A presença dos anjos na oração privada, e sobretudo nos atos litúrgicos, tem as suas exigências; disso dão fé as normas fixadas por São

---

[66] *De oratione*, 31, 5.
[67] *Diálogos*, IV, 58.

Paulo e por São Bento, bem como os conselhos de Tertuliano e do autor da Regra do Mestre.

O Apóstolo das Gentes — ou, mais precisamente, o Espírito Santo, falando por meio dele — prescreve que as mulheres tenham a cabeça velada durante as orações da assembleia também «por causa dos anjos», quer dizer, por respeito para com os anjos invisivelmente presentes no culto.[68]

Como refere São Clemente de Alexandria,[69] mesmo quando reza sozinho, o homem está misturado com os coros angélicos. Por isso Tertuliano recomenda aos cristãos que não se sentem ao rezar, por respeito «ao anjo da oração que está ao nosso lado».[70]

São Bento, na sua Regra (cap. 19), faz-se eco destas vozes: «Cremos que a presença divina está em toda parte, mas devemos crê-lo principalmente, sem a menor vacilação, quando assistimos ao ofício divino.» O Salmo 137 diz: «Cantar-te-ei na presença dos anjos.» Donde a sábia conclusão prática do pai do monaquismo ocidental: «Consideremos que atitude convém que adotemos em presença de Deus e dos anjos, e disponhamo-nos

---

[68] Cf. 1 Cor 11, 10. Uma das principais testemunhas no processo de beatificação de Teresa do Menino Jesus, a Madre Inês de Jesus, várias vezes priora do Carmelo de Lisieux, revelou no seu depoimento a delicadeza e a vigilância da santa em matéria de castidade: «Quando estava sozinha, não descuidava em nada o seu recato, alegando que estava na presença dos anjos.» Trata-se de reminiscência do conselho de São Paulo e sua aplicação à vida cotidiana. Cf. *Procès de béatification et canonisation de sainte Thérèse de l'Enfant-Jesus et de la Sainte-Face, I Procès informatif ordinaire,* publicado por Teresianum, Roma, 1973, p. 170.

[69] *Stromata,* VII, 12.

[70] *De oratione,* 16.

a salmodiar de tal maneira que o nosso espírito esteja em harmonia com a nossa voz.»

Um monge beneditino do século VIII, Paulo Diácono, comenta assim esta passagem da Regra: «Esta norma pode ser compreendida de duas maneiras: uma, quando cantamos os Salmos a Deus, os anjos estão presentes, porque Deus não fica sem os seus arautos; outra, se o nosso coração está atento ao que diz a nossa boca, a nossa intenção é parecida à dos anjos.» Mais do que excluindo-se um ao outro, não são estes dois sentidos felizmente complementares? A Regra do Mestre [*Regula magistri*], obra de um autor espiritual da Alta Idade Média, mostra-nos até que ponto no seu tempo se tinha uma ideia realista da presença dos anjos na salmodia dos monges: «Quem ora, se quer tossir ou espirrar, tenha cuidado em não o fazer para diante de si, mas para trás, por causa dos anjos que estão diante dele, como diz o profeta: Cantar-te-ei Salmos na presença dos anjos.»[71]

Como espíritos críticos modernos, poderíamos sentir-nos tentados a sorrir ante as minúcias desta etiqueta litúrgica. Não seria antes de admirar esta ingénua delicadeza de sentimentos e o vigor da fé que os inspirou? Orígenes, que tinha também um sentido muito agudo da presença dos anjos entre os homens, chega a uma conclusão rica

---

71 Na *Epístola* 219, Alcuíno conta um episódio gracioso da vida de um monge beneditino inglês, São Beda, Doutor da Igreja: «Conta-se de Beda que dizia: "Sei que os anjos vêm às horas canónicas: que sucederia se não me encontrassem entre os meus irmãos? Não perguntariam: onde está Beda?"»

em aplicações espirituais, iluminando-os com outros três textos bíblicos: as palavras de Cristo sobre os anjos que sobem e descem, o conselho de São Paulo acerca da modéstia das mulheres e o episódio de Eliseu e de Giezi diante da cidade de Dotã: «Está prescrito às mulheres que oram que tenham um véu na cabeça por causa dos anjos. Que anjos? Os que assistem aos fiéis e que se alegram na Igreja, e que nós, porque os nossos olhos estão obscurecidos pela mancha do pecado, não vemos, mas os Apóstolos de Jesus veem, pois foi-lhes dito: "Em verdade, em verdade vos digo: vereis os céus abertos e os anjos a subir e a descer sobre o Filho do Homem." Se eu tivesse a graça de ver como os Apóstolos, perceberia a multidão de anjos que Eliseu via e que Giezi, que estava a seu lado, não via.»[72] Como um telescópio que apontasse para a imensidade do firmamento, a fé faz-nos descobrir todo um mundo invisível, que se subtrai à inteligência não reforçada por uma fé viva.

Empresta-lhes as suas asas

Chama a atenção comprovar como a Igreja, consciente da fragilidade do homem, convida os anjos a que sustentem os seus filhos quando oram. Até tal ponto os homens encontram dificuldade para se desprenderem por uns instantes

---
72 *Hom. in Luc*, 23.

das suas preocupações e recolherem-se! Para elevar os seus corações e os seus espíritos por cima da azáfama da vida, têm necessidade de adejar. «Não vos pareça mal [...] que recorra ao testemunho das vossas consciências», observa a este respeito Bossuet. «Que esforço para elevar os vossos espíritos quando ofereceis a Deus as vossas orações! No meio de que tempestades formulais os vossos propósitos! Quantas imaginações vãs, quantos pensamentos vagos e desordenados, quantas preocupações temporais que se atravessam continuamente para interromper o curso dessas orações! Assim, pois, estando deste modo estorvadas, credes que possam elevar-se até o céu e que essa oração débil e lânguida que, entre tantos obstáculos que a travam, mal pôde sair do vosso coração tenha força para atravessar as nuvens e penetrar até ao alto dos céus? [...] Quem pode crê-lo? Sem dúvida que cairiam pelo seu próprio peso, se a bondade de Deus não tivesse providenciado. [...] Enviou o seu anjo, que Tertuliano chama o anjo da oração. Por isso Rafael dizia a Tobias: "Oferecei a Deus as tuas orações." [...] Este anjo vem recolher as nossas orações e "sobem", diz São João, "pela mão do anjo até à face de Deus". [...] Vede como sobem pela mão do anjo; admirai-vos de quanto lhes serve serem apresentadas por uma mão tão pura. Sobem pela mão do anjo, porque este anjo, ao unir-se a nós e ajudar com a sua intervenção as nossas débeis orações, lhes empresta as suas asas para as elevar, a sua força para as sustentar, o seu fervor para as animar.»[73]

Esta chamada da Igreja à assistência dos anjos torna-se dramática na oração dos agonizantes. O homem encontra-se nesses momentos como que encurralado: a perda das forças físicas leva consigo facilmente a das energias espirituais. O demônio, mais furioso que nunca, lança os seus últimos assaltos para arrebatar a presa que poderá escapar-se-lhe para sempre. Anjos de luz e anjos das trevas enfrentam-se à cabeceira do moribundo. Compreende-se que a Igreja mobilize os anjos neste momento decisivo para o destino eterno do homem.

São Tomás estabelece um paralelismo entre a influência dos demônios e a dos anjos. Discrepa da tese que imputa cada pecado à influência direta dos demônios. É ir demasiado longe, pensa o Doutor Angélico: o peso do pecado original, agravado pelas outras faltas e pela pressão natural das paixões, é suficientemente forte para dar origem a um pecado, sem que seja necessário suspeitar em cada ocasião da instigação do demônio. Coisa diferente são as ações sobrenaturais do homem. Estas desenvolvem-se num nível superior, que o homem não poderia alcançar pelas suas próprias forças. «Necessita-se para isso da ajuda de Deus, que se oferece ao homem pelo ministério dos anjos.» Desta mediação, São Tomás tira uma

---

[73] *Sermón para la fiesta de los Angeles Custodios*, ponto II, ed. Lebarq, t. III, pp. 108-109.

conclusão rica em luzes para a espiritualidade e para a pastoral: «Os anjos cooperam em todas as nossas boas ações.»[74]

Pio XI abria estas radiantes perspectivas sobre o papel dos Anjos da Guarda na história de cada alma, quando confiava aos seus visitantes que o seu Anjo da Guarda tinha cooperado em tudo o que de bom lhe tinha sido concedido fazer durante a vida.

---

74 Cf. *Suma teológica*, I, q. 114, a. 3. ad 3.

VEEM SEM CESSAR O INVISÍVEL

Os cristãos que fazem dos anjos objeto da sua contemplação e da sua imitação correm o risco de se enfrentarem com a máxima de Pascal: «O homem não é nem anjo nem animal, e, por desgraça, quem quer fazer-se anjo faz-se animal.» Não é deslizar para o terreno dos sonhos e expor-se a um cruel despertar comprazer-se na intimidade e na admiração dos anjos? Na verdade, a objeção não se mantém. Pascal não está contra a contemplação do mundo angélico, realidade viva testemunhada pela Revelação. Denuncia a ilusão de quem atua como se o seu espírito estivesse independente do corpo, deste corpo do qual a Escritura afirma que, sujeito à corrupção, condiciona as atividades psíquicas: «Os pensamentos dos mortais são tímidos e incertas as nossas concepções, porque o corpo corruptível torna pesada a alma, e a morada terrestre oprime o espírito pensativo.»[1]

Não deve surpreender-nos que a Igreja proponha os anjos à admiração e à imitação dos fiéis. Propõe-nos exemplos mais elevados ainda: a Virgem, Cristo Homem-Deus e o próprio Deus. Se um autor nos deu a *Imitação de Cristo* e outro a *Imitação da Virgem,* não tinha outro o direito,

---

1 Sb 9, 14-15.

no século passado, de tentar compor uma *Imitação dos anjos*? O próprio São Tomás de Aquino se meteu por este caminho quando se deteve a contemplar dois traços dos Anjos da Guarda: a sua imperturbável serenidade ante o mal físico e moral e a perfeita união que neles há entre a ação e a contemplação.

Estes traços são ricos em luzes para a vida espiritual e para as atividades apostólicas do cristão.

Tristeza dos anjos?

Inclinado sem cessar para o homem, para o defender, dar-lhe estímulo e inspirá-lo, o Anjo da Guarda entristece-se com o que é motivo de aflição para o seu protegido: perdas materiais, fracassos profissionais, acidentes, doenças, velhice, inconstâncias, debilidades, faltas veniais e inclusive pecados mortais? Posto que acompanha o homem em todas as suas idas e vindas, não tem o Anjo da Guarda às vezes motivos para se entristecer? O seu coração, se podemos exprimir-nos assim, bate sempre em uníssono com o do seu protegido? Qual é a atitude do anjo ante o problema que é um tormento secreto para os fiéis insuficientemente ilustrados e um escolho para tantos não crentes no seu caminho para a verdade: o mal, como cataclismos da natureza, sofrimento das crianças, doenças incuráveis, provas para os homens bons, crimes que clamam ao céu, triunfo dos malvados? Como reage o Anjo da Guarda ante a objeção frequente: «Se Deus existisse, não permitiria o mal; logo Deus não existe»? Estamos ante um dilema. Ou o anjo sofre com as nossas perdas materiais e com as nossas faltas morais, e neste caso não goza de uma felicidade sem sombra: o céu deixa de ser para ele o céu; ou, então, o nosso Anjo da Guarda não chora com quem chora, fica indiferente como um egoísta e frio como uma estátua de mármore, e então falta-lhe uma das qualidades que mais apreciamos nos nossos amigos: a compreensão e a simpatia.

A solução que São Tomás dá a este problema aparentemente insolúvel abre perspectivas novas sobre o mundo dos anjos e também sobre a mesma vida do homem.

O anjo, afirma o Doutor, não sofre nem pelas penas nem pelos pecados dos homens. Esta é a razão profunda desta imperturbável serenidade: somente os atos contrários à vontade do anjo poderiam causar-lhe tristeza ou dor. Ora, aqui na terra não se produz nada que seja contrário à vontade do anjo. Com efeito, a sua vontade está totalmente unida à de Deus, e nada no mundo se produz que não se cumpra ou se permita pela vontade divina. Nada, pois, aqui na terra contraria a vontade dos anjos, porque nada se produz que não esteja incluído nos planos da Providência. [2]

---

[2] Cf. *Suma teológica*, I. q. 113, a. 7. O Pe. Royo Marín comenta assim a exposição de São Tomás: «Não sofrem os Anjos da Guarda pelos males *físicos* que afetam os seus guardados (doenças, dores, perseguições etc.) porque sabem que "todas as coisas contribuem para o bem dos que amam a Deus" (Rm 2, 28). Nem sequer pelos pecados, que Deus permite para tirar maiores bens (pelo arrependimento

Por que permite Deus o mal? Porque não pode fazer outra coisa? Certamente que não! Bastar-lhe-ia uma coisa de nada, como o grão de areia no ureter de Cromwell, para impedir o crime de um assassino ou as perseguições de um tirano. Poderia num simples fechar de olhos abater um Mao, como caiu sobre o rei Agripa I.[3]

Se Deus tolera um mal, é sempre e unicamente para tirar disso um bem a breve ou a longo prazo.

São Tomás explica esta política divina com um exemplo muito simples: a conduta de um navegante cujo barco, carregado de mercadorias, corre o risco de naufragar num mar tempestuoso. Em si e de um modo geral, o navegante não quer lançar à água as suas mercadorias; mas, antes que naufragar ele com a embarcação, lança-as no meio da tempestade. Esta perda é para ele um ganho. Do mal tira um bem. Sacrifica o menos e salva o mais. Atua sabiamente. Se se obstinasse em salvar os fardos da mercadoria, perderia o barco e a vida.[4]

---

e pela penitência posterior). Também não sofrem, finalmente, pela condenação eterna dos seus protegidos, como também não sofrerão os bem-aventurados ao ver no inferno alguns dos seus familiares ou próximos (cf. *Supl.* 94, 2). A razão é que eles não têm nenhuma culpa da condenação daquelas almas: fizeram tudo o que puderam para evitá-la, com as suas inspirações e bons conselhos, afastando-as das ocasiões do pecado, defendendo-as de mil perigos etc., e só à rebeldia e protérvia dos pecadores se deve a sua eterna perdição. E, uma vez confirmados no mal e considerando a sua definitiva obstinação no pecado, os anjos querem que se guarde a ordem da divina justiça — que os castiga inexoravelmente, ainda que menos do que merecem, segundo o Doutor Angélico (*ibidem*) —, e pela mesma razão nenhuma pena ou tristeza sentem pela sua eterna condenação» (*Dios y su obra,* Madri, 1963, pp. 411-412).

3   Cf. At 12, 23.
4   Cf. *Suma teológica,* I, q. 113. a. 7 c.

Indiferença ou sabedoria?

Do mesmo modo atua Deus quando tolera as doenças e as epidemias, os terremotos e as inundações, o banditismo, os crimes e as guerras, as faltas morais, os sacrilégios, as apostasias de indivíduos e de povos: se não impede estes males, como poderia fazê-lo facilmente, é porque, um dia ou outro, a sua sabedoria e o seu poder tirarão deles bens maiores.

Dos tenebrosos abismos da miséria humana, a misericórdia de Deus sabe extrair tesouros insuspeitados. Isto sabem os anjos.

Não é, pois, por indiferença que os anjos não se entristecem ante as desgraças e as faltas dos seus protegidos: é devido a um conhecimento mais penetrante destas realidades. A sua serenidade não se apoia na ignorância, mas numa ciência superior. Assim como o olho do homem fica na casca rugosa dos infortúnios, sem descer até as profundidades nem considerar o porvir, o anjo atravessa essa casca, submerge-se dentro e penetra o futuro. No grão lançado à terra ele vê a espiga. O anjo participa da ciência de Deus, que de um só olhar abrange todas as coisas: passadas, presentes e futuras.

Numa página magnífica, digna de Santo Agostinho, Pio XII faz um paralelismo entre as vistas limitadas dos homens e a ciência infinita de Deus, da qual participam os anjos: «Os homens não são mais do que crianças diante de Deus; todos, mesmo os pensadores mais profundos e os mais experimentados condutores de povos. Julgam os acontecimentos com as vistas curtas do tempo que passa e voa sem retorno, enquanto Deus os olha das alturas e do centro imóvel da eternidade. Têm ante os olhos o estreito panorama de uns poucos anos; Deus vê no seu conjunto o concurso complicado e misterioso de todas as responsabilidades, sem que a sua alta Providência exclua a liberdade de nenhuma decisão humana, nem das más nem das boas. Os homens quereriam uma justiça imediata e escandalizam-se ante o efêmero poder dos inimigos de Deus, os sofrimentos e as humilhações dos bons; mas o Pai celestial que, na luz da sua eternidade abarca, penetra e domina as vicissitudes dos tempos e a paz serena dos séculos que não têm fim, Deus, bem-aventurada Trindade, cheio de compaixão pelas debilidades, as ignorâncias e as impaciências humanas, mas que ama demasiado os homens para os deixar afastar-se, pelas suas mesmas faltas, dos caminhos da sabedoria e do seu amor, continua e continuará fazendo que o sol se levante sobre bons e maus, fazendo cair a chuva sobre justos e injustos (cf. Mt 5, 45), guiando os seus passos de crianças com firmeza e ternura, não lhes pedindo mais que se deixem levar por Ele e que ponham a sua confiança no poder e na sabedoria do amor que lhes tem.»[5]

---

5   *Radiomensagem* de 29-VI-1941.

O anjo sabia

Os filhos de Jacó atiram o seu irmão José para uma cisterna e vendem-no a uns mercadores egípcios para se desfazerem dele: era uma horrível felonia, da qual Deus tirará, no entanto, efeitos esplêndidos: «A vossa intenção era fazer-me dano», dirá mais tarde José aos irmãos, sendo já primeiro-ministro do Egito, «mas Deus tirou um bem disso. [...] Era para conservar a vida de um grande povo.»[6] Reprovando a conduta criminosa dos seus irmãos, Rubem tinha querido salvar José e devolvê-lo ao pai: rasgou de dor as suas vestes quando soube que os irmãos, nas sua ausência, tinham vendido José a uns ismaelitas. Rubem gemia, mas o seu anjo, como o de José, permanecia imperturbavelmente sereno, pois sabia que Deus tiraria um bem desse crime.

Frei João da Cruz é lançado pelos seus irmãos carmelitas num calabouço do convento de Toledo. Gesto execrável, de que Deus, no entanto, saberá fazer surgir maravilhas. Precisamente no seu calabouço de Toledo o doutor das noites recebeu as graças que o levaram até o grau mais elevado da vida mística. Depois de ser libertado, referir-se-á aos seus carcereiros como os seus mais insignes benfeitores.

A sua união íntima com Deus servia-lhe para participar, de certo modo, da visão profunda que os anjos, aderindo aos planos de Deus, têm dos

---
[6] Gn 50, 20.

acontecimentos e que lhes faz compreender que, se Deus permite um mal, não é senão para tirar dele um bem ainda maior.

Imaginemos Inácio de Loyola gravemente ferido no cerco de Pamplona por uma granada francesa, que lhe quebra uma perna. Tentemos figurar-nos as reações dos seus amigos, os da terra e os do céu. «Que desgraça! Uma brilhante carreira militar destroçada», diriam os primeiros. «Que sorte!», pensariam os segundos. «Isto é uma libertação. Agora, sob a ação da graça, o capitão Iñigo vai empreender uma carreira incomparavelmente mais nobre e mais útil para os homens que a profissão das armas.»

Do mesmo modo como nossos Anjos da Guarda, os santos do céu e também os nossos mortos libertos das chamas do purgatório e envoltos já pela luz de Deus permanecem num estado de serenidade ante as misérias temporais e as faltas morais dos homens.

À primeira vista isto parece desumano e inclusive monstruoso. Como é possível que uma mãe, que esteja no céu, não se entristeça ante os infortúnios dos seus filhos que ficaram na terra? Não se compadecerá das suas necessidades materiais? Não sofrerá com os seus pecados? Não tremerá vendo-os se meter por caminhos de perdição?

Repeti-lo-emos: a serenidade dos cidadãos do céu ante os males que afligem os habitantes da terra não é fruto da ignorância nem da indiferença de um adventício despreocupado pela sorte que possam correr os seus companheiros. É fruto de uma ciência mais profunda e de um amor mais ilustrado, porque a sua vontade está totalmente unida à de Deus, cujos planos providenciais nada pode estorvar aqui na terra; os escolhidos que tiverem entrado na paz de Deus não experimentam qualquer contrariedade nem sofrimento ante o espetáculo das vicissitudes dos homens. A sua inteligência conformou-se com a de Deus, e assim veem nos infortúnios dos homens o desenvolvimento dos desígnios de Deus, que são todos adoráveis.[7]

«Verás que tudo estava bem»

Convertido e fundador de um instituto religioso, o capitão Iñigo de Loyola torna-se assíduo no trato com os anjos. Exprimirá o desejo de ver nos membros da Companhia de Jesus a caridade, o zelo pelas almas e a serenidade inalterável dos anjos.[8] Nos seus *Exercícios espirituais,* Santo Inácio chama a atenção dos exercitantes para os anjos. Fiéis ao seu fundador, os jesuítas propagaram a devoção angélica.

---

7   Cf. *Suma teológica,* Supl., q. 72, a. 1 ad 1. Importa diferenciar claramente a vontade de Deus, no sentido de mandato, e a vontade de Deus no sentido de disposição ou plano. A primeira proscreve toda falta moral, enquanto a segunda inclui o bem e o mal levado a cabo pelos homens. Aqui na terra fazem-se muitas coisas contra a *vontade-mandato* de Deus, mas nada sucede fora da sua *vontade--disposição.* A Providência engloba e utiliza misteriosamente todas as coisas para alcançar os seus fins. «Todas as coisas ao teu serviço» (Sl 119, 91).

8   Mons. Hist, «Ignatianal», 4, *Scripta de Ignatio,* t. I, p. 515, citado por J. Duha, *Dictionnaire de spiritualité,* art. «Anges».

Outro gigante espiritual do século XVI, São João da Cruz, propõe à imitação das almas piedosas a serenidade dos anjos ante o mal, especialmente ante os pecados do próximo, objeto às vezes de um zelo intempestivo e de lamentações estéreis. À medida que avança no campo espiritual, a alma modifica a sua atitude em relação às faltas do próximo. De uma indiferença inicial passa à severidade e ao desassossego; mais tarde rodeia-se de serenidade e renuncia à crítica, sem por isso aprovar o mal. «Uma vez que se fixou de maneira definitiva, a elevação da alma ao estado de união é tão grande que, se antes as águas da dor a levavam e traziam, e se antes se afligia pela amargura que lhe causavam os pecados do próximo, daí em diante já não terá mais esses sentimentos, embora reconheça com mais perfeição que nunca a maldade do pecado. [...] Esta alma está num estado que é semelhante ao dos anjos, que compreendem melhor que ninguém os efeitos do mal, sem sentir por isso dor, e cumprem as obras de misericórdia sem que a compaixão as aflija.»[9]

Na sua sabedoria, observa Santo Agostinho, Deus prefere tirar bem do mal do que não permitir mal nenhum.[10]

Exatamente neste sentido, o infortúnio é preferível à ausência de infortúnio, pelo bem que Deus tira dele. É como um túnel escuro que desemboca

---

9   *Cântico espiritual*, 29.
10 *Enchiridion*, cap. 27: *Melius enim indicavit (Deus) de malis bene facere quem mala nulla esse permittere.*

na luz. Ao contemplar todas as coisas em Deus, o anjo percebe esta sarda luminosa, que com facilidade escapa ao olhar míope do homem.

De maneira incomparavelmente melhor que o homem, o anjo capta a verdade deste versículo da Sagrada Escritura: «Para aqueles que amam a Deus, todas as coisas são para o bem.»[11] Tudo, comenta Santo Agostinho, inclusive os pecados, que podem levar-nos a desconfiar mais de nós mesmos e a ter uma confiança mais plena em Deus.

Uma mística inglesa, Juliana de Norwich, preocupada com o problema do mal e do sofrimento, participava as suas inquietações a Nosso Senhor. O Senhor tranquilizou-a, convidando-a a pôr a sua confiança no seu amor e na sua onipotência: «No final verás que tudo estará bem.» Dom Paul Renaudin comenta: «A miséria que nos rodeia e a que está assente no coração do homem não são mais do que o campo de operações da Misericórdia e da Graça, a ocasião para a Redenção. Tende confiança, o mundo está cercado, rodeado, dirigido pela imensa Bondade divina. No *Diálogo* de Santa Catarina de Sena, o Pai eterno responde também à pergunta da Santa: "Terei misericórdia com o mundo, misericórdia com a Igreja [...], porque te ensinei que a misericórdia é minha propriedade distintiva."»[12] «Não há que dizer "isto é pior que aquilo", porque a seu tempo

---

[11] Rm 8, 28.
[12] *Quatre mystiques anglais*, p. 84.

todas as coisas cumprirão o seu fim»,[13] lemos no Antigo Testamento.

No final: esta é a expressão-chave, que ilumina o problema do mal. O anjo vê o final, que é o que dá explicação para as contrariedades desconcertantes e para as provas que crucificam; o homem, limitado às únicas luzes da razão, ignora este final e subleva-se contra o sofrimento; o fiel dotado de uma fé débil suporta o sofrimento com má vontade, enquanto o cristão de fé viril crê nesta sarda feliz. E, quanto mais crê com firmeza, do fundo da noite, mais participa — sem nunca chegar a igualá-la — dessa serenidade imperturbável que os anjos conservam ante o mal, reforçada por uma repercussão dos atos de fé sobre a sua inteligência, sobre a sua vontade e sobre a sua sensibilidade. A paz profunda é uma das características dos amigos de Deus. Tem a sua sede nas profundidades da sua alma e espalha-se até o rosto e até o olhar.

Harmonia perfeita

Há outro traço na santidade dos Anjos da Guarda que enchia de admiração São Tomás de Aquino e, com ele, diferentes fundadores de institutos religiosos, como Inácio de Loyola, Vicente de Paula, João Batista de la Salle, François Libermann e Maria Teresa Soubiran: a síntese perfeita entre vida contemplativa e vida ativa.

---
[13] Eclo 39, 40.

O próprio Cristo assinala esta harmonia quando afirma que os anjos das crianças veem continuamente o rosto de seu Pai: contemplam a Deus e ao mesmo tempo estão a guardar os homens. As palavras do Arcanjo Gabriel a Zacarias revelam também esta harmonia: «Eu sou Gabriel, que *estou presente* diante de Deus e fui enviado para te falar e te dar esta boa-nova.»[14] Sem se afastar de Deus nem um só instante, Gabriel cumpre o seu encargo na Judeia. Adoração de Deus e missão entre os homens são para ele uma unidade. Estas duas atividades fundem-se uma na outra.

As intervenções na vida do seu protegido da terra não impedem de nenhum modo que o anjo contemple sem cessar o rosto de Deus no céu: é «contemplativo na ação» e «ativo na contemplação».

Assim como há muitos apóstolos, clérigos e leigos, nos quais uma lamentável ruptura separa as suas atividades exteriores da sua vida interior, no anjo acontece o contrário: as atividades exteriores e a vida interior fundem-se. Não há solução de continuidade na sua vida, não há quebra. Contemplação e ação formam nele a magnífica simbiose proposta como ideal pelos mestres da vida espiritual e recordada pelo Concílio Vaticano II. Para o anjo a contemplação de Deus encontra o seu acabamento na participação no governo divino do mundo e na cooperação na redenção dos homens.

---

14 Lc 1, 19.

O segredo desta síntese? Para o Anjo da Guarda, explica São Tomás, as intervenções na vida cotidiana dos homens são como pôr em prática os pensamentos e desígnios que contempla em Deus. Do mesmo modo como o escultor, ao talhar um bloco de mármore, realiza no exterior a ideia que tem no seu interior, assim o anjo, quando preserva o homem de um mau passo, iluminando o seu espírito, recordando-lhe um propósito esquecido, realiza no mundo os desígnios contemplados em Deus.

Existe continuidade desde a contemplação dos anjos no céu até a sua obra concreta na terra, assim como há continuidade entre um plano e a sua execução. A contemplação de Deus e dos seus desígnios é a que regula a obra dos anjos ao serviço dos homens.

São Tomás leva ainda mais longe a sua análise: nada há na atividade externa dos anjos que não esteja ligado à contemplação de Deus, fonte da sua bem-aventurança. «Do mesmo modo como o artista considera interiormente o projeto da obra que executa externamente, assim o anjo ao mesmo tempo contempla a Deus e serve os homens.»[15]

O serviço aos homens não é para os anjos uma interrupção da sua atividade principal; não é para eles uma ocupação secundária, um passatempo ou, pior ainda, um trabalho incômodo, como o cuidado das crianças para uns pais de

---

15 *Comentários às Sentenças*, I, 2, dist. 10, q. 1, artigo 4.

temperamento intelectual ou artístico. O serviço aos homens é um elemento da atividade essencial dos Anjos da Guarda e é fonte da sua bem-aventurança sem sombra.

Não obstante, contra a tese da fusão que se dá no anjo entre a contemplação de Deus e o serviço dos homens, poderíamos opor uma objeção tirada da experiência cotidiana.

São Tomás já o tinha observado: «As obras exteriores são um obstáculo para a contemplação da verdade.» Com efeito, lemos na Sagrada Escritura: «O que não tem outras ocupações pode chegar a ser sábio.»[16]

O que dispersa as suas energias debilita-se e torna-se menos apto para a vida intelectual. Um professor de filosofia que se entregasse intensamente ao esporte, à jardinagem ou a pequenos trabalhos de amador encurtaria o tempo e as energias necessárias para a sua profissão de intelectual.

O santo resolve assim esta dificuldade. No homem a atividade externa turva a pureza da contemplação. Com efeito, entregamo-nos a esta atividade externa com as nossas forças sensíveis, cujos atos, quando pomos neles a nossa atenção, paralisam as nossas forças intelectuais. O anjo dirige os seus atos externos apenas pela operação intelectual.

Estes atos não impedem de modo algum a sua contemplação. Pois se uma ação é a norma de outra

---
16 Eclo 38, 25.

ação, esta, longe de estorvar a primeira, ajuda-a a realizar-se. Por isso São Gregório[17] diz que «os anjos que atuam exteriormente não ficam privados das alegrias da contemplação íntima».[18]

A ruptura entre a vida interior e a atividade externa é uma das grandes tentações para o apóstolo. É-o principalmente neste nosso tempo, que tende a superestimar as capacidades do homem e subvalorizar a realidade das consequências do pecado original. Corre-se assim o risco de aplicar ao apostolado os métodos que são válidos para a publicidade comercial e para a propaganda política. Ora, toda a história da Igreja está aí para dar fé da verdade destas palavras de Cristo acerca do segredo de um apostolado fecundo: «Quem permanece em mim e eu nele, esse dará muito fruto.»[19]

«Permanecer em Cristo» não é só visitá-lo algumas vezes ao longo do dia: Missa, ofício divino, meditação, leitura espiritual ou alguma prática de piedade. «Permanecer em Cristo» é, como a mesma expressão o diz, «estar permanentemente» nEle pela fé, a esperança e a caridade, bem como ser movido constantemente pelo seu espírito.[20] Os Anjos da Guarda oferecem-se como modelos perfeitos: permanecem em Deus inclusive quando visitam a terra. «Os anjos estão sempre

---

17 2 *Moral,* cap. 3.
18 Cf. *Suma teológica,* I, q. 112, a. 1 ad 3.
19 Jo 15, 5.
20 Cf. *Comentários de São Tomás ao Evangelho de São João,* ad 15, 5.

em Deus, e [...] Deus atua sempre neles livre e plenamente.»[21]

Unidade e fecundidade

Uma mística a que já fizemos referência, Lucie--Christine, mostra os benefícios dessa continuidade entre a vida interior e a atividade externa, perfeita nos anjos, mais ou menos imperfeita nos apóstolos, clérigos ou leigos. Ela assinala também as consequências desagradáveis, até mesmo para a saúde, de uma atividade apostólica desligada da contemplação de Deus e, por conseguinte, privada de unidade interior.

Convém que «em todas as coisas o puro interesse do amor e da glória de Deus substitua o amor-próprio. [...] O que mais fatiga a alma não é tanto o seu atuar como o ardor e o interesse que põe na ação externa ou interior; de tal sorte que, quanto mais solicitada é a sua atividade, mais nos fatiga e nos consome este ardor que muda de motivo em cada coisa. Pelo contrário, a retidão de intenção dá-nos um móbil único, um só interesse em todas as coisas, e nisso está o descanso da alma na ação, e ao mesmo tempo a fonte de uma fecundidade muito maior. [...] Nisso está a razão das obras prodigiosas dos santos.»[22]

---

21 François Libermann, primeiro Superior Geral da Congregação do Espírito Santo e do Sagrado Coração de Maria, carta de 28-IX-1836 a um seminarista: *Lettres spirituelles*, t. I, p. 203.
22 *Journal spirituel*, 21-II-1884.

Um *ardor que muda de motivo em cada coisa fatiga-nos e consome-nos:* não está esta multiplicidade de motivos exatamente nos antípodas do que comprovamos nos Anjos da Guarda, que têm por norma da sua ação somente a vontade de Deus? Outra mística francesa contemporânea, Maria Antônia de Geuser, dotada de graças excepcionais, parece ter experimentado num grau raro em pessoas que vivem neste mundo esta aliança entre a conversa interior com Deus e o diálogo exterior com os homens. Passa com prontidão de uma ao outro. O amor a Deus alimenta nela o amor ao próximo, e este, por sua vez, estimula aquele. Há uma simbiose. «Quanto mais me entrego inteiramente ao dever externo, mais presente se me faz o meu Jesus, melhor o escuto.»[23] «Houve um tempo [...] em que não podia dar-me por inteiro a Deus e aos outros simultaneamente. [...] Agora mantenho os dois diálogos ao mesmo tempo quase sem esforço, ou melhor, não é mais do que uma mesma coisa.»[24] E esclarece este mistério: «Posto que só vejo a Deus em tudo e em todos, como poderia a sua vontade ser um obstáculo para a nossa união?»[25]

Nos cristãos, esta síntese de vida interior e serviço aos homens descansa sobre uma vida de fé autêntica. Pio XII explica-o assim, falando

---

23 Carta a seu tio, 1-III-1909.
24 Carta ao seu diretor espiritual, o Pe. L., 15-V-1911.
25 Citado em M. T. Guignet, *Une experience mystique, Marie-Antoinette de Geuser,* Paris, 1941, p. 112.

a umas religiosas hospitaleiras: «Se tendes uma fé viva, se para além dos rostos humanos — rostos contraídos por espasmos dolorosos ou rostos empalidecidos de quem tem o organismo já gasto; rostos ardendo de febre; rostos inquietos pelo pensamento de que a sua doença se agrava; rostos impassíveis, resignados —, se para além de todos estes rostos sabeis descobrir a Jesus em todas as salas do hospital, jacente em todos os leitos, imóvel na misteriosa solenidade das salas de operações, nem sequer vos apercebereis que passais da capela aos quartos dos doentes; não tereis cuidado de que a observância religiosa prejudique a assistência ou de que esta seja prejudicial para aquela. Continuareis a amá-lo sob qualquer forma ou em qualquer lugar em que se esconda. Não haverá interrupção no vosso colóquio com Ele, nenhuma distração, nenhum esquecimento do que Ele é e do que Ele quer.»[26]

Nunca está mais ativa...

«Nenhuma interrupção no colóquio» com Deus, inclusive na atividade externa mais absorvente; este é o ideal que Santo Inácio indicava quando confiava ao Pe. Rivadeneira o seu desejo de «se parecer aos anjos, que não se distraem com nenhuma das suas ocupações, que não cessam de ver a Deus e de desfrutar dEle».

---

[26] Discurso de 24-IV-1957.

Compreende-se então por que é que, apesar da diferença profunda entre a natureza espiritual do anjo e a natureza composta do homem, tantos fundadores de ordens e congregações religiosas modernas tenham «proposto à imitação dos seus filhos e filhas o modelo dos espíritos puros do céu». Ainda hoje no oriente cristão a expressão *bios angelicos,* vida angélica, serve para designar o estado monástico; e Pio XII escrevia que a vocação dos que se consagram inteiramente a Deus é uma «vocação angélica».[27]

A própria Igreja, na sua liturgia, propõe a todos os fiéis que imitem os anjos.[28]

Ecce somniator venit!, exclamam os irmãos de José vendo vir para eles o seu irmão: Aí vem o sonhador! É possível que cristãos que se dizem modernos e «a par com a história» rejeitem como fantasias as considerações de um Inácio de Loyola ou de um Vicente de Paulo sobre os Anjos da Guarda. No entanto, aí está a história que testemunha como a mística deu à Igreja os seus maiores homens de ação.[29]

«Ação e contemplação unem-se e fundem-se. Para permanecer com Deus, a alma deve obedecer à moção do Espírito Santo, que a leva aqui ou acolá para cumprir o seu trabalho. A qualquer lugar a que seja conduzida, ali encontra Deus, que traz em si mesma, e goza na doce claridade da

---

27 Dom Garcia M. Colombas, *Paradis et via angélique,* 1961, p. 11.
28 Cf. Oração depois da Comunhão da festa de São Luís Gonzaga.
29 Cf. Daniel-Rops, *L'Eglise des temps classiques, Le grand siècle des âmes,* p. 25.

sua experiência íntima. Nunca é mais ativa nem mais forte do que quando se mantém na solidão da contemplação; nunca está mais unida a Deus nem nunca é mais contemplativa do que quando se entrega a trabalhos para fazer a vontade de Deus e sob a influência do Espírito Santo.»[30]

Verdadeiramente pode-se dizer que uma alma assim imita nisto os anjos. Porque vê sem cessar o invisível e une-se a Ele com todo o seu ser, o anjo atua eficazmente sobre o mundo visível. Participa do poder irresistível de Deus.

De Moisés, homem de ação e de oração, a Sagrada Escritura revela que atuava com tamanha segurança que era «como se tivesse visto o Invisível».[31]

---

30 Maria Eugênia do Menino Jesus, *Je veux voir Dieu*, pp. 1071-1072.
31 Hb 11, 27.

SENTADA À SUA PORTA

Há algum tempo submetemos ao Cardeal Journet algumas reflexões acerca da intervenção dos anjos na vida cotidiana dos homens. «Sim», respondeu-nos o prelado, «os anjos revelam-se, mas àqueles que os amam e os invocam».

«Tem confiança com o teu Anjo da Guarda», escreve Mons. Josemaria Escrivá. «Trata-o como amigo íntimo — porque de fato o é —, e ele saberá prestar-te mil e um serviços nos assuntos correntes de cada dia.»[1]

Que há ligação entre a invocação do anjo pelos homens e a sua assistência está claramente patenteado na Bíblia, nos escritos dos doutores e na experiência dos santos. «As nossas necessidades sobem nas asas da oração, e a ajuda de Deus baixa nas asas dos anjos.» O grito da miséria reclama a resposta da misericórdia.

Entendemos aqui a palavra *oração* no seu sentido mais amplo: elevação da alma a Deus. Esta subida leva-se a cabo não só pela oração de petição, de adoração, de expiação, de ação de graças, mas também por meio de uma vida reta atenta a Deus e orientada para Ele. «O homem ora sempre que dirige toda a sua atividade a Deus», afirma

---

1 *Caminho*, n. 562.

São Tomás, comentando as palavras de Jesus: «É preciso orar sempre e não desfalecer.»[2]

Pela sua fé, Abraão merece a visita de três viajantes misteriosos, que lhe anunciam o nascimento de Isaac. Pela pureza da sua vida no meio da corrupção geral, Lot, sua esposa e suas filhas merecem a intervenção de dois anjos que os subtraem a uma morte espantosa, reservada aos habitantes de Sodoma.

O livro de Tobias se inicia com um duplo drama: a aflição de um ancião, que ficou cego, e o desespero de uma mulher que viu morrer sucessivamente sete esposos. Na sua desolação, o velho Tobias e a jovem Sara elevaram as suas vozes ao céu. «Estas duas orações foram escutadas ao mesmo tempo por Deus, e um santo anjo do Senhor, Rafael, foi enviado para os curar, a Tobias e a Sara.»[3] A aplicação do fel do peixe capturado pelo jovem Tobias nas margens do Tigre devolveu a vista ao ancião, e Sara viu-se livre do demônio Asmodeu, «o pior dos inimigos», que tinha matado um atrás do outro cada um dos seus maridos.[4]

«Se escutas a sua voz...»

As normas que Deus dá ao povo eleito, descritas no capítulo 23 do livro do Êxodo, são também reveladoras do vínculo de causalidade entre a

---

2 *Comentários* à *Epístola aos Romanos,* ad I, 10.
3 Tb 3, 24.
4 Tb 8, 3; 11, 13-15.

oração e a ajuda dos anjos. A liturgia utiliza-as como epístola na festa dos Anjos da Guarda. No seu sentido literal, são uma exortação a obedecer ao anjo encarregado de conduzir os israelitas do deserto para a Terra Prometida. No seu sentido figurado, que é o que emprega o missal, convidam os fiéis a seguir as inspirações do Anjo da Guarda, encarregado de os conduzir através dos perigos da vida terrestre até essa terra prometida que é o céu. A este convite acrescenta-se, por contrapartida, a promessa da ajuda todo-poderosa do mesmo Deus. «Enviarei o meu anjo para que vá à tua frente, que te guarde no caminho e que te faça entrar no país que te preparei. Está atento à sua presença e escuta os seus conselhos, não os desprezes. Não te deixará passar nenhuma falta, pois é o meu representante.» Seguem, numa linguagem de imagens, as promessas que Deus uniu à docilidade para com o anjo: «Se escutas a sua voz, se obedeces aos seus mandatos, serei o inimigo dos teus inimigos e oprimirei os teus opressores; e o meu anjo caminhará à tua frente.»[5]

Os homens atentos e dóceis às inspirações do anjo, mensageiro da vontade de Deus, terão Deus por aliado. Tomará nas suas mãos a defesa da sua causa.

Nuns poucos versículos pungentes, o Salmo 33 evoca um drama: oração de um homem desgraçado, intervenção libertadora do anjo, júbilo,

---

5   Ex 23, 20-23.

convite à confiança. «Quando um pobre invoca o Senhor, Ele atende-o e liberta-o de todas as suas angústias. O anjo do Senhor assenta os seus arraiais em redor dos que o temem e salva-os. Saboreai e vede como é bom o Senhor: bem-aventurado o homem que nEle se abriga.»[6] Para indicar o poder do Anjo da Guarda, que participa da onipotência de Deus, o autor inspirado recorre à imagem da batalha num campo entrincheirado.

O Salmo 90 canta o poder protetor de Deus. Mostra as múltiplas maneiras em que o Senhor intervém para salvar os seus. Sobretudo, ressalta a guarda dos anjos. Aqui, como noutras passagens da Escritura, as intervenções da Providência são provocadas por um ato de abandono de si, expresso no começo do Salmo: «Vós sois o meu refúgio e a minha cidadela, o meu Deus em quem confio.»

Apesar de ser pagão, o rei Nabucodonosor reconheceu lealmente que foi a fidelidade ao verdadeiro Deus que valeu aos três jovens hebreus lançados ao forno ardente o serem milagrosamente preservados das chamas. «Bendito seja o Deus de Sidrac, de Misac e de Abdénago! Enviou o seu anjo para libertar os seus servos, que, confiando nele, expuseram a vida por causa da transgressão das ordens do rei, recusando-se a prostrarem-se em adoração diante de um outro deus que não fosse o seu.»[7]

---

[6] Sl 33, 7-9.
[7] Dn 3, 95.

As tuas orações fizeram-me regressar

A existência destas relações de causa a efeito está também confirmada por um anjo, ante cuja aparição Daniel, transido de espanto, se prostrou em terra: «Daniel, entende as palavras que te venho dizer e põe-te de pé, porque fui agora enviado a ti. [...] Não tenhas medo, Daniel, porque, desde o primeiro dia em que aplicaste o teu coração a compreender e a mortificar-te na presença do teu Deus, foram ouvidas as tuas palavras, e eu vim por causa delas.»[8] A chamada sobe, o anjo desce.

A oração desencadeia as intervenções fulgurantes dos anjos nos livros dos Macabeus. Todo o povo se pôs em oração quando Heliodoro se dispôs a penetrar no Templo para levar o tesouro. Quando se aproximava o exército de Timóteo, «Macabeu e os seus companheiros faziam oração ao Senhor, lançando terra sobre as suas cabeças, tendo cingidos os seus rins de cilícios».[9]

Os evangelistas contam-nos duas visitas de anjos a Cristo: uma quando terminava o seu jejum de quarenta dias no deserto; outra no mais duro da sua agonia no Horto das Oliveiras. Em cada uma dessas vezes, no meio da oração, os anjos visitam o «Filho do Homem».

Enquanto cumpria as suas funções sacerdotais no Templo, Zacarias recebe a visita de um anjo, que lhe anuncia o nascimento do Precursor.

---

8   Dn 10, 11-12.
9   2 Mac 10, 25.

A tradição mostra-nos a Virgem Maria em oração no momento em que o Arcanjo Gabriel se apresenta para lhe revelar o mistério da Encarnação.

Depois de uma primeira detenção e de uma primeira libertação dos Apóstolos por um anjo,[10] Herodes encarcera novamente Pedro e fá-lo guardar por quatro piquetes de soldados. «Enquanto Pedro estava preso, elevava-se sem interrupção a oração da Igreja por ele a Deus.»[11] Na véspera do dia em que tinha de comparecer ante o povo, Pedro foi objeto de uma segunda libertação luminosa. «Pedro dormia no meio dos soldados, atado com cadeias, e os guardas diante da porta do cárcere fazendo sentinela. De repente apareceu um anjo do Senhor, cuja luz encheu de resplendor todo o aposento; e, tocando no lado de Pedro, despertou-o dizendo: "Levanta-te depressa." E caíram as cadeias das suas mãos. O anjo disse-lhe: "Toma o teu cinto e calça as tuas sandálias." Ele assim fez. E disse-lhe: "Toma a tua capa e segue-me." Ele saindo, seguia-o, e não sabia que era realidade o que se fazia por intervenção do anjo; imaginava ver uma visão. Depois de passarem a primeira e a segunda guarda, chegaram à porta de ferro que dá para a cidade, a qual se lhes abriu por si mesma. E, saindo, passaram uma rua, e imediatamente o anjo afastou-se dele. Então Pedro, voltando a si, disse: "Agora sei verdadeiramente que o Senhor mandou o seu

---
10 At 5, 17-20.
11 At 12, 4-5.

anjo e me livrou das mãos de Herodes e do que desejava todo o povo judeu."»[12]

Os Atos contam também outras duas aparições de anjos a São Paulo durante as suas peregrinações apostólicas. No meio de uma interminável tempestade que quase tragou o navio, São Paulo recebeu um alento inesperado: «Esta noite», disse, «apareceu-me o anjo daquele Deus de quem sou e a quem sirvo, dizendo: "Não temas Paulo, é preciso que compareças diante de César; e Deus te concedeu a vida de todos os que navegam contigo." Por isso, ó homens, tende coragem».[13]

Tendo atravessado a Ásia Menor, Paulo e o seu companheiro desceram a Trôade, próximo dos Dardanelos. «Paulo teve durante a noite esta visão: um homem da Macedônia, apresentando-se diante dele, rogava-lhe dizendo: "Passa à Macedônia e ajuda-nos." Depois desta visão, imediatamente decidimos ir para a Macedônia, certos de que Deus nos chamava a pregar o Evangelho àquelas gentes.»[14] Por intermédio de um anjo, sob a aparência de um macedônio, nesta hora histórica, Deus orientava o apostolado de São Paulo para a Europa.

Merecem que os anjos os sirvam

É outro anjo quem prepara um encontro entre um gentio «que orava sem cessar» e o Apóstolo

---

12 At 12, 6-11.
13 At 27, 23-25.
14 At 16, 9-10.

Pedro. «Havia então em Cesareia um homem chamado Cornélio, centurião da coorte chamada itálica, religioso e temente a Deus com toda a sua casa, o qual dava muitas esmolas ao povo e orava a Deus continuamente. Este viu claramente numa visão, cerca da hora nona, que um anjo de Deus se apresentava diante dele e lhe dizia: "Cornélio." Ele, fixando os olhos no anjo, possuído de temor, disse: "Que queres de mim, Senhor?" Ele respondeu-lhe: "As tuas orações e as tuas esmolas subiram como um memorial à presença de Deus." E o anjo disse a este gentio que enviasse uns homens a Jope e que mandasse vir Simão chamado Pedro. Instruído, também ele, por uma visão, Pedro foi à casa de Cornélio e batizou-o a ele e aos seus.»[15]

Por aquele mesmo tempo um anjo dirigiu-se ao diácono Filipe e pediu-lhe que fosse para o sul à estrada que desce de Jerusalém para Gaza. Sentado no seu carro, um alto funcionário de Candace, rainha da Etiópia, regressava de uma peregrinação a Jerusalém, lendo em voz alta o profeta Isaías. «Entendes o que estás lendo?», interrogou-o Filipe, inspirado pelo Espírito Santo. «Como poderei entendê-lo se ninguém mo explica?», respondeu o ministro. E convidou Filipe a que subisse e se sentasse a seu lado. O diácono iluminou esta alma leal que buscava a luz; e, chegados a um local onde havia água, Filipe batizou o etíope.[16]

---

15   At 10, 1-4.
16   At 8, 27.

Os Doutores da Igreja e os autores espirituais tiram lições destas coincidências entre a oração, inclusive entendida em sentido amplo, e as visitas dos anjos.

Quem resiste aos demônios, nota São Tomás, a propósito do episódio com que termina o jejum de Jesus no deserto, merece que os anjos o sirvam.[17] Resistir às tentações do demônio é uma consequência lógica de estar apegado à vontade de Deus. Quem diz sim a Deus diz não ao adversário de Deus por excelência. Quem se fecha ao demônio abre-se a Deus. Os homens que se abrem a Deus abrem-se aos seus enviados na terra.

«Diz-se em São Lucas que Cristo, entrado em agonia, orava mais intensamente e que então lhe apareceu um anjo para o confortar. Tudo isso sucedeu por nós», observa São Boaventura. «Cristo não tinha necessidade de ser sustentado: era para mostrar que os anjos assistem de bom grado a quem ora com devoção, que o mantêm e o confortam, e também que apresentam as suas orações a Deus.»[18]

Para que o sol possa entrar...

Quanto mais desprendido está o espírito da servidão dos sentidos, observa o Doutor Angélico, mais aberto está às inspirações angélicas.[19]

---

17 *Comentários a São Mateus*, ad 4, 11.
18 *Sermão V sobre* os *anjos*, citado no 2º noturno da Festa de São Rafael.
19 *Comentários às Sentenças*, L, 2, dist. 7, q. 2.

Por isso as crianças e os santos parecem ser os preferidos dos anjos: a inocência natural e a pureza conquistada à força de luta predispõem para acolher a luz.

«Não te chegará a calamidade nem se aproximará a praga da tua tenda», afirma o Salmo 90, hino aos Anjos da Guarda. «Considerai que esta promessa não se faz aos homens que vivem segundo a carne», comenta São Bernardo, «mas aos que, embora vivam na carne, se conduzem segundo o espírito.»[20] «Desgraçados de nós», exclama o mesmo santo, «se os nossos pecados nos fazem indignos de receber a visita dos anjos e de gozar da sua presença! Se temos grandes necessidades da companhia dos anjos, devemos evitar cuidadosamente ofendê-los e exercitarmo-nos na prática das virtudes que sabemos ser do seu agrado», como a pureza, a pobreza voluntária, a caridade fraterna.[21]

O bem-aventurado Pedro Fabro indica também que o vício, e particularmente o excesso na bebida e na comida, fecham o homem às inspirações dos anjos bons e abrem-nos às influências dos anjos maus. Por isso toma a determinação de «guardar muita moderação no comer e no beber, e em toda a sua atividade externa [...], vendo que é coisa muito necessária para que os espíritos maus percam o poder de habitar no seu corpo e

---
[20] Sermão 11 sobre o Salmo *Qui habitat*.
[21] *Sermão 1 para a festa de São Miguel.*

de mover o seu espírito, porque não encontram um coração entorpecido pelo alimento e pela bebida».[22]

Estas indicações dos mestres espirituais não são, além disso, senão a aplicação de uma lei geral, que vale tanto no plano natural como no terreno da graça: a impressão de uma nova forma exige uma disposição adequada da matéria.

Para que o sol possa iluminar e aquecer uma casa, é preciso levantar as cortinas e abrir as janelas. Para que um líquido possa encher um vaso, este deve estar vazio. Para que a graça impregne um ser livre, é preciso que este se mostre receptivo. A graça nunca entra violentando. Deus respeita o jogo das faculdades que Ele mesmo estabeleceu.

Para resumir tudo isto em poucas palavras, poderíamos dizer que há dois agentes em cena: o amor incomensurável de Deus, que arde por se estender, e a indigência insondável do homem, que com frequência a ignora.

«Um nada rodeado por Deus»

«Deus não deseja no mundo mais do que uma coisa, a única de que tem necessidade, mas deseja-a de uma forma tão extraordinariamente forte que lhe presta todos os seus cuidados. Essa coisa

---

[22] *Mémorial*, 15-VI-1545, Paris, 1959, p. 138. «Quando o sentido da castidade diminui nas consciências», observa Paulo VI, «vê-se que também diminui a capacidade de acolher em si a palavra de Deus, o desejo da vida eterna, a sede de conversar com Deus» (Jean Guitton, *Dialogues avec Paul VI*, p. 332).

única é esta: encontrar vazio e preparado o fundo nobre que Ele mesmo pôs no nobre espírito do homem, com o fim de realizar nele a sua obra nobre e divina. Deus tem todo o poder no céu e na terra; mas falta-lhe uma só coisa: não poder cumprir no homem a mais preciosa das suas obras.» Nesta linguagem antropomórfica, João Tauler[23] exprime o desejo que devora Deus de dar, de dar sem interrupção, de dar sem medida, contanto que encontre no homem disposições receptivas. «O homem», diz o Cardeal de Bérulle, «é um nada rodeado por Deus, indigente de Deus, capaz de Deus e cheio de Deus se quiser».[24] Inumeráveis são as passagens da Sagrada Escritura que afirmam a união íntima que existe entre essa abertura do homem e as efusões da graça.

> Eis que estou à porta e bato. Se alguém ouvir a minha voz e me abrir a porta, entrarei, cearei com ele e ele comigo.[25]

> [...] os que a sabedoria amam, descobrem-na facilmente, os que a buscam encontram-na. Ela antecipa-se a dar-se a conhecer aos que a desejam. Aquele que, para a possuir, se levanta de madrugada não terá trabalho, porque a encontrará sentada à sua porta.[26]

---

23 *Sermão 3 sobre a Epifania*, t. I, pp. 197-198.
24 *Opuscules de piété*, p. 119.
25 Ap 3, 20.
26 Sb 6, 12-14.

> O Todo-poderoso encheu de bens os famintos e aos ricos despediu-os com as mãos vazias.[27]

Todos os homens são pobres, mas nem todos reconhecem igualmente a sua indigência. A oração fá-las entrar na conta dessa indigência. A oração não ensina nada a Deus, que conhece as nossas necessidades antes mesmo do nosso nascimento. Também não tem por meta forçar a Deus no sentido estrito da palavra, impeli-lo a dar-nos hoje o que parecia que nos negava ontem. Deus não muda de ideias. O que a oração cristã consegue é dobrar o orgulho, a soberba do homem, que fecha o passo à graça como uma persiana fecha uma sala à entrada da luz.[28]

Os Doutores da Igreja não param de insistir sobre este tema. Na análise que fazem das paixões malsãs e das suas repercussões na conduta do homem, em especial na sua vida espiritual, um Tomás de Aquino e um João da Cruz mostram até que ponto as efusões da graça estão condicionadas pelas disposições morais do homem.

Quer isto dizer que o Todo-poderoso se encontra impotente ante as más disposições dos homens e que estas são capazes de lhe pôr um obstáculo infranqueável? Não. Com muita agudeza, São Tomás observa que, na sua onipotência, Deus pode criar nos homens as boas disposições. Se existem, utiliza-as, e isto é o jogo normal da

---

27 Lc 1, 53.
28 Cf. São Tomás, *Compendium theologiae*, parte II, cap. 2.

graça; se faltam, Deus pode produzi-las, mas isto é exceção, como em determinadas conversões fulgurantes, humanamente inexplicáveis.²⁹

Pois «o bom querer de Deus não está limitado por nada: pode criar ao mesmo tempo o sujeito, a disposição e a graça, como pode criar ao mesmo tempo matéria, disposição e forma».³⁰

O princípio enunciado pelo Doutor Angélico tem um alcance geral. Se a entrada da graça está ordinariamente condicionada pela presença de boas disposições, Deus, na sua onipotência, pode de modo excepcional criar, se quiser, essas disposições.

Estas considerações sobre o condicionamento da graça em geral e da intervenção dos anjos em particular encerram a resposta a uma objeção contra a guarda dos anjos; se existem, por que é que há tantos pecados entre os homens? Por que não iluminam os pecadores? A resposta é

---

29 Nesta criação, feita pelo próprio Deus, das disposições necessárias para acolher a graça, reside, segundo parece, a solução de um árduo problema que punha Henri Bergson ante conversões radicais e instantâneas, como a de São Paulo no caminho de Damasco. «Para compreender corretamente estas mutações radicais da consciência», disse um dia a Jean Guitton, «seria preciso poder observar hoje em dia experiências análogas à de São Paulo. Conheço uma que me indicou o meu amigo William James. V. deveria estudar a fundo esse caso singular. Trata-se de uma pessoa hostil à religião católica, cujo nome é Ratisbona. À uma da tarde, Ratisbona entrou por cortesia numa igreja de Roma. À uma e dez minutos Ratisbona saiu transformado para sempre, com absoluta segurança. Como explicar estas mudanças instantâneas e persistentes? Esse é o problema.» Jean Guitton recorda estas reflexões do seu mestre Bergson na altura da aparição do livro *Deus existe, eu o encontrei*, de André Frossard: «Une mutation instantanée», *Le Figaro*, 14-11-1969.

30 *Suma teológica*, II-II q. 172, a. 3. Este artigo responde à pergunta de saber se o carisma da profecia pressupõe necessariamente disposições naturais no beneficiário.

simples: não basta que o Anjo da Guarda dê boas inspirações; é preciso também que estas tenham bom acolhimento.

Estas considerações projetam também luz sobre outro aspecto da missão angélica: os favores excepcionais de que gozam as pessoas que vivem em intimidade familiar com eles. Estes favores não devem causar-nos assombro. Se parecem ultrapassar os méritos do homem, não superam certamente as profundidades do amor de Deus, desse Deus cuja sede de dar-se não podemos compreender — sede de dar-se sem descanso, de dar-se com profusão.[31]

Se, sob um céu radioso de verão, uma sala se encontra cheia de luz, deve-se aos raios de sol que nela penetram. Se permanece na obscuridade, ter-se-ão de acusar as mãos que não correram as cortinas e não abriram as janelas.

Raios de luz que partem de Deus, «os anjos revelam-se, mas a quem os ama e os invoca».

---

31 Não poderíamos fazer uma ideia nem sequer um pouco aproximada desta sede. O amor que Deus tem aos homens ultrapassa todos os nossos conceitos, como o oceano submergiria em si todos os recipientes em que uma criança quisesse encerrá-lo. Em poucas linhas sóbrias, de uma densidade doutrinal e de uma riqueza mística extraordinárias, o Doutor Angélico explica as exigências espirituais desta incompreensibilidade dos atributos divinos: «A nossa fé regula-se segundo a verdade divina; a nossa caridade, segundo a bondade de Deus; e a nossa esperança, segundo a imensidade da sua onipotência e da sua misericórdia. É esta uma medida que excede toda faculdade humana, de maneira que o homem nunca pode amar a Deus tanto quanto deve ser amado, nem crer ou esperar nEle tanto como deve; e muito menos chegará ao excesso de tais ações» (*Suma teológica*, I-II, 64, 4). E os Santos Anjos são um dos principais canais pelos quais o amor de Deus derrama os seus favores sobre os homens.

PERSPECTIVAS DE FUTURO

«Virá um tempo em que não suportarão a sã doutrina, mas acumularão mestres em volta de si, ao sabor das suas paixões, pelo prurido de ouvir.» E, como as pessoas têm esse prurido de ouvir novidades, «afastarão os ouvidos da verdade e os aplicarão às fábulas».[1]

A Igreja propõe com frequência à meditação dos fiéis esta advertência contra o abandono da sã doutrina e contra o afã de novidades. Esta advertência figura na epístola da Missa do comum dos doutores.

A confusão doutrinal do nosso tempo faz pensar na pregação do Apóstolo. Hoje, como observa Paulo VI, todas as verdades são discutidas. O filósofo alemão Dietrich von Hildebrand denuncia a «entrada do cavalo de Troia na cidade de Deus». Jacques Maritain vê «numa espécie de ajoelhar-se ante o mundo, que se manifesta de mil maneiras», um dos fenômenos mais curiosos da crise atual do catolicismo.[2] O Pe. Louis Bouyer analisa «a decomposição do catolicismo». Hans Urs von Balthasar termina o seu livro *Cordula* com um capítulo intitulado: «Quando o sal perde o sabor». Trata-se de

---

1 2 Tm 4, 3-4.
2 *Le paysan* de *la Garonne*, p. 85.

um diálogo de ficção entre um comissário político e um desses cristãos atacados pela doença do ajoelhar--se ante o mundo: «O vosso cristianismo não vale um tiro de espingarda; liquidastes-vos a vós mesmos, e poupaste-nos ter de vos perseguir.»

«A Igreja está numa hora de inquietação, de autocrítica, dir-se-ia mesmo de autodestruição», disse Paulo VI. «É como um revolução interna, aguda e complexa que ninguém teria podido esperar depois do Concílio.»[3]

«Liquidastes-vos a vós mesmos», «uma hora [...] de autodestruição»: estes dois juízos soam do mesmo modo, embora vindos de duas fontes bem diferentes.

A advertência de São Paulo, que a liturgia faz sua, poderia também aplicar-se ao abandono da doutrina da Igreja sobre a missão dos anjos entre os homens. Quando, por um lado, *O Credo do povo de Deus* de Paulo VI afirma o papel dos anjos no governo do mundo e, com os exemplos e palavras, Pio XI, Pio XII e João XXIII exortam os fiéis a que vivam uma intimidade familiar com os anjos, por outro vê-se a angeologia posta hoje em discussão. Os Anjos da Guarda também se tornaram objeto de desmitificação.[4]

---

3 Discurso de 7-XII-1968 ao Colégio Lombardo de Roma.

4 Citemos estas linhas, escritas antes da Segunda Guerra Mundial por uma pessoa que parece ter vivido uma grande intimidade com os anjos: «O demônio é astuto, atualmente está a trabalhar para provocar um relaxamento da moral e da fé nos futuros sacerdotes. *Atacar-se-á a existência dos anjos;* o culto da Santíssima Virgem, que será considerado uma encantadora manifestação de sentimentalismo; expor-se-ão opiniões exaltadas sobre a sua Imaculada Conceição e sobre a sua virgindade. Inclusive haverá sacerdotes professores da

PERSPECTIVAS DE FUTURO

Não será esta «contestação» uma razão a mais para que os fiéis adiram ao ensinamento da Igreja? Se Deus permite que se submetam a discussão verdades reveladas, não será para oferecer aos crentes a ocasião para aprofundarem nos pontos de doutrina, iluminando melhor os seus fundamentos e rejeitando as suas excrescências? Pelas sãs reações a que dão lugar, os «contestatários» da angeologia podem converter-se, apesar deles mesmos, nos seus promotores.

Decadência e expansão

Por outro lado, há algum tempo os documentos acerca dos anjos multiplicam-se em diferentes

---

Universidade ou mestres de religião que falarão de exagero no culto da Virgem e dos Santos, e que exortarão os fiéis a dirigirem-se diretamente a Deus e não recorrer mais, nas suas orações, a esta pueril intercessão dos santos» (Mechtilde Thaller, *Journal*, publicado em artigos sob o pseudónimo «Ancilla Domini»; cf. Friedrich Ritter von Lama, *Ein Büchlein von den Engeln*, trad. francesa, Suíça, 1971).

No final do seu estudo de teologia positiva sobre os anjos, G. Tavard interroga-se acerca das causas deste atual declinar da devoção angélica. Vê uma das causas, a seu parecer decisiva, no desinteresse da parte dos teólogos, que, desde os tempos da escolástica, não fizeram progredir a angeologia. Os teólogos, diz, preferiam tratar os temas que interessavam aos seus contemporâneos. Pelos silêncios a que dá lugar, este adaptar-se aos gostos dos homens encerra um perigo: favorecer a penetração do espírito naturalista e racionalista entre os cristãos.

Tavard crê poder assinalar outra causa desta falta de inclinação dos fiéis numa liturgia cuja linguagem não entendiam (até a atual reforma) e deste ceticismo moderno para as teses da angeologia que não derivam diretamente da Revelação. Vê motivos para um novo ressurgir do culto dos anjos na reforma litúrgica e nos ensinamentos do Concílio Vaticano II, que confirmou a doutrina tradicional da Igreja sobre os anjos (cf. Michael Schmaus, Alois Grillmeter e Leo Scheffczyk, *Handbuch der Dogmengeschichte*, t. II, fascículo 2b: «Die Engel», de Georges Tavard, em colaboração com André Caquot e Johann Michl, 1968, pp. 95-96).

Um estudo de G. Blasko expõe o ensinamento angeológico do Vaticano II: *Die angeolologischen Aussagen das Zweiten vetikanischan Konzils*, Karlsruhe, 1968.

países da Europa. Inclusive os anjos são objeto de congressos científicos, por exemplo na Alemanha e na França.[5] O diretor de uma revista francesa de espiritualidade dizia-nos que o único estudo da sua publicação que lhe tinha valido numerosas cartas de agradecimento ao longo do ano era um artigo sobre o papel dos Anjos da Guarda na vida cotidiana, à luz da Sagrada Escritura e da Tradição. O autor, um leigo, não era um teólogo profissional, como a maior parte dos colaboradores da revista. São muitos os fiéis que sentem interesse pelos anjos.

O atual desenvolvimento da angeologia evoca um pensamento de São João da Cruz: quanto mais aumentam as misérias dos homens, mais multiplica Deus as suas misericórdias. Para atalhar a influência do naturalismo no mundo, a Providência levou o Magistério supremo da Igreja a proclamar os dogmas da Imaculada Conceição (1854) e da Assunção da Virgem (1950). Estas definições provocaram um renascer da piedade mariana e dos estudos sobre a Virgem.

É possível que a angeologia chegue a conhecer um desenvolvimento semelhante. O Espírito Santo, alma da Igreja, pode revelar com o decorrer dos tempos o alcance de determinadas expressões da Bíblia sobre as quais às vezes passamos sem suspeitar das suas riquezas. Paulo VI faz esta observação acerca das profundidades insondáveis

---

5   Na Abadia de Maria Laach (1957), no Mont Saint-Michel (1967) e em Paris (1968).

do Evangelho: «É suficiente prestar um pouco mais de atenção para verificar que expressões aparentemente modestas têm um incalculável vigor de expressão, uma riqueza de conteúdo, uma amplitude de aplicação, uma profundidade teológica e humana, uma verdade que se manifesta realmente em toda a sua essência, que é divina.»[6] Graças ao dogma da Imaculada Conceição, hoje avaliamos melhor a profundidade da saudação do Arcanjo Gabriel a Maria: «Cheia de graça». Talvez chegue o dia em que os fiéis vejam melhor que nós as aplicações práticas da promessa: «Deu ordem aos seus anjos para que te guardem em todos os teus caminhos.»

Presença amiga na solidão...

O culto aos anjos parece particularmente apto para remediar um mal que hoje em dia é frequente: o sentimento de solidão e de insegurança.

Se é certo que a fé cristã vai tomando solidez em grupos escolhidos, também é certo que nas massas diminui. O número de cristãos consequentes parece decair. Por outro lado, um complexo de isolamento ameaça invadir as minorias fiéis e paralisar o seu impulso. Há referências que põem de manifesto que estes dolorosos sentimentos existem mesmo em lares que se consideram cristãos e em comunidades religiosas: «Sinto-me só... Não encontro apoio à minha volta... Tenho

---

6   Discurso de 27-II-1966, na Basílica de São Pancrácio, em Roma.

de nadar contra corrente...»⁷ Uma mentalidade de prostrar-se ante o mundo afoga os esforços de superação espiritual. E que dizer dos homens e mulheres que ao longo dos anos vivem solitários na sua fidelidade a Deus, sem o alento de presenças amigas e de encontros estimulantes?

Mas qual seria a luz e o apoio, a alegria para esses homens e mulheres, se chegassem a «perceber» a presença contínua de um anjo a seu lado! Não uma tomada de consciência conceitual, como a de quem escutasse uma exposição teórica sobre os anjos, mas uma tomada de consciência concreta e viva, como a de um homem junto de um amigo muito querido.

Monsenhor Jean Calvet, sendo decano da Faculdade de Letras do Instituto Católico de Paris, contava como o testemunho de uma camponesa lhe tinha recordado a existência dos Anjos da Guarda.

> Estava a passear por um caminho ondulado e sombreado na minha campina, quando encontrei junto de umas matas uma anciã curvada e apoiada ao cajado com três ovelhas. Como conheço toda a gente, disse-lhe:
> — Bom dia, Catinelle.
> Endireitou-se um pouco e respondeu-me:
> — Bom dia, senhor pároco e companhia.
> — Como, avozinha? Estou só. Onde a senhora vê a companhia?

---

[7] Em 1969-1970, uma investigação a que responderam 22 mil sacerdotes põe de manifesto que muitos se lamentam da sua solidão.

Ergueu-se um pouco mais. Vi o seu rosto sulcado de rugas e os seus olhos ainda formosos. Disse-me com gravidade:
— E o Anjo da Guarda, onde o deixa?
— Avozinha, muito obrigado. Ia me esquecendo do Anjo da Guarda; obrigado por mo ter recordado.

Este episódio fortuito pôs os anjos no primeiro plano do pensamento e na oração de Jean Calvet: «No meu oratório, preparei um lugar para o meu Anjo da Guarda.»[8]

Recordamos ter lido uma página emocionante de Cesare Angelini. O autor conta que, tendo assistido numa antiga abadia ao canto das Completas, comoveu-se pelas palavras da oração que o padre abade, com grande convicção comunicativa, recitava no silêncio do Santuário: «Visitai, Senhor, este lugar... Que os vossos anjos habitem nele e que nos conservem na paz.»

Cesare Angelini voltou para a sua cela. Uma vez fechada a porta, teve a claríssima certeza de que não estava só. Percebia uma presença misteriosa. Sentia que um anjo estava ali para ele, para ele só. O escritor foi então invadido por uma alegria profunda, como nunca tinha experimentado.

«A fé é o ato de crer no que não se vê», afirma Santo Agostinho, e Newman define o cristão como «um homem que crê no que não vê».

---

8   Jean Calvet, *La lumière de Complies*, pp. 215-216. «Recebi uma dura lição», acrescenta o autor. «O povo cristão conserva as tradições que os intelectuais abandonam. As fontes não se perdem, como às vezes poderíamos crer; introduzem-se um andar abaixo, no subsolo.»

Esta é a atitude dos cristãos que creem sem reservas na presença do Anjo da Guarda: o invisível é para eles uma realidade, uma realidade quase visível.

Como os raios X

Para compreender a firmeza desta certeza e para não a relegar à categoria de um sonho ou de uma autossugestão, é conveniente fazer referência a uma verdade da psicologia religiosa que utiliza São Tomás: a superioridade das forças sobrenaturais, que derivam de Deus, sobre as energias naturais, que dependem da natureza humana. Pela fé, o homem participa do conhecimento que Deus tem de si mesmo e da criação. Pela fé, o homem vê, de certo modo, o seu Anjo da Guarda com os olhos de Deus. Pela fé, o cristão discerne uma presença ali onde o espírito, apenas com as suas forças naturais, não percebe nenhuma realidade.

Esta penetração da fé poderia ser comparada aos raios X. Enquanto a luz do sol e a luz elétrica se detêm na superfície do corpo de um paciente, os raios X atravessam a carne e alcançam a ossatura. Esta existia realmente, inclusive quando os raios do sol e da luz elétrica não a iluminavam. Do mesmo modo, os anjos existem mesmo se os *flashs* dos repórteres fotográficos, os testes dos psicólogos, os inquéritos sociológicos e as reportagens jornalísticas não podem contar com eles.

Para descobrir determinadas realidades, necessitam-se instrumentos especiais. Há estrelas que são visíveis só com o telescópio. Pode-se negar a existência desses astros simplesmente porque o homem vulgar não os vê à simples vista? Recordemos um episódio da Sagrada Escritura rico em ensinamentos, e que põe de manifesto o suplemento de conhecimentos que a fé proporciona ao homem. A cena decorre em Dotã, residência do profeta Eliseu e do seu servidor Giezi. O rei da Síria fez cercar a cidade de noite «com cavalaria e carros e muita tropa». «O servo do homem de Deus levantou-se muito cedo e viu que a cidade estava cercada por um exército, cavalaria e carros, e disse ao homem de Deus: "Ai! Meu senhor, que havemos de fazer?" Eliseu respondeu: "Não temas; muitos mais estão conosco do que com eles."»

Eliseu conhecia esta superioridade pela sua fé. Dotado de uma fé menos lúcida, Giezi ignorava esta superioridade. O servidor tinha necessidade de uma luz do alto. «Eliseu orou e disse: "Senhor, abre-lhe os olhos para que veja." Deus abriu os olhos ao servidor, e este viu a montanha cheia de cavalaria e carros de fogo.»[9] Este exército celestial era uma revelação do poder dos anjos.

Lucie-Christine, a quem a sua fé intensa fazia crer nos anjos como se os estivesse vendo com os seus olhos de carne, pensa que, se pudéssemos ver continuamente os anjos que nos rodeiam e

---
[9] 2 Rs 6, 14-19.

protegem, perderíamos o sentimento dos nossos males — mas isto não deve ocorrer na terra.[10]

Efetivamente, veríamos que as forças malvadas que nos inquietam às vezes e mesmo nos perturbam, quer seja na vida cotidiana, quer no âmbito político internacional e da vida da Igreja, estão na verdade controladas pela Providência; esta utiliza as forças do mal para purificar os amigos de Deus, assim como o dentista se serve da broca para abrir um dente cariado. Jamais, em nenhum momento da história, perde Deus o controle absoluto da situação. Sempre, inclusive nas épocas mais obscuras da história da Igreja e da vida dos povos, os anjos fiéis dominam as intrigas dos anjos rebeldes. O último dos anjos bons tem poder sobre o próprio Lúcifer, príncipe dos rebeldes, e faz-se obedecer por ele, afirma São Tomás.[11]

Esta supremacia baseia-se no fato de que a vontade do anjo bom adere plenamente aos desígnios de Deus, que se realizam infalivelmente, sempre e em toda parte. «Qualquer, homem ou anjo, que adira a Deus torna-se espiritualmente um com Ele e, por isso, superior a qualquer outra criatura.»[12]

A fulgurante resposta de Joana d'Arc ao bastardo de Orléans projeta uma luz sobre esta superioridade tática dos chefes que aderem aos desígnios de Deus. «Em nome de Deus, o conselho de

---
10 *Journal spirituel*, 16-VI-1903.
11 *Suma teológica*, I, q. 109. a. 4.
12 *Ibidem*, I, q. 112, a. 1 ad 4.

Mesire [quer dizer, Deus] é melhor que o vosso e o dos homens; e também é mais seguro e mais sábio. Quisestes enganar-me, mas enganastes-vos a vós mesmos. Pois trago-vos a melhor ajuda que nenhum cavaleiro, vila ou cidade jamais teve. E é o beneplácito de Deus e o apoio do Rei dos céus, não por consideração a mim, mas porque procede puramente de Deus, o qual, pelos rogos de São Luís e de São Carlos Magno, teve piedade da cidade de Orléans.»[13]

A intimidade familiar com os anjos produz um sentimento de segurança. Os nossos companheiros invisíveis comunicam-nos algo da paz que bebem em Deus, que é verdadeiramente «o Senhor da história» (Pio XII).

O deserto floresce

Contudo, ver nos anjos unicamente uns defensores não seria senão ver um só aspecto da missão que cumprem. Se a cidade necessita de um corpo de polícia e de um exército, também necessita de mestres, de escritores e de artistas. O Anjo da Guarda não cumpre somente uma função de barreira, de dique ou de muralha; também é uma mola, um estimulante, uma luz. Tem por missão não somente afastar o mal físico e moral, mas também, e sobretudo, conduzir para o bem. Como um guia de montanha, o anjo precede o seu protegido: «Vou enviar um anjo diante de ti,

---

13 Paul Doncoeur, *Paroles et lettres de Jeanne la Pucelle,* p. 60.

para te proteger no caminho e para te conduzir até o lugar que te preparei... O meu anjo caminhará à tua frente.»[14]

Esta presença de luz e de amor, experimentam-na os que se abrem às suas inspirações e à sua irradiação. Recebem do seu companheiro de caminho alento, estímulos e alegrias que de forma alguma encontram entre os homens. «Só as almas que se abandonam à guia dos seus anjos, que vivem uma intimidade amistosa com eles, que os amam, que os honram e invocam confiadamente, podem dizer do poder, da bondade e da generosa delicadeza destes divinos semeadores de perfeição.»[15]

Mas é preciso assinalar uma diferença entre a amizade dos anjos e a dos homens. «Os Anjos da Guarda não nos abandonam, ainda que nós abandonemos a Deus», afirma São Francisco de Sales. O amor do anjo pelo homem é lúcido, puro, forte, constante; não está sujeito a altos e baixos, a abandonos, a esquecimentos e a infidelidades. O amor do anjo é uma derivação do amor de Deus pelos homens; e deste amor tem a constância e um soberano desinteresse. Diferente é o amor que têm os homens entre si. Deixam-se influenciar por tantos fatores: uma dor de cabeça torna-nos irritáveis, uma palavra ambígua desperta-nos a suscetibilidade, uma ofensa provoca ressentimentos. Não se têm visto mal-entendidos ou divergências de pontos

---
14 Ex 20, 20.23.
15 Joseph Duha, art. «Ange», em *Dictionnaire de spiritualité*, col. 623.

de vista obscurecerem as amizades mais serenas? E os choques por diferença de temperamento não são frequentes nos lares e nas comunidades religiosas? Nenhuma destas falhas se dão nos Anjos da Guarda. Corresponda ou não o homem à sua amizade, eles continuam velando sobre ele. Continuam fiéis à sua missão mesmo quando o homem se mostra infiel aos seus deveres para com eles. Continuam estendendo-lhe a mão mesmo quando o homem se obstina em virar-lhe as costas e em fazerem-se surdos às suas inspirações. «O meu anjo pensa em mim, que não penso nunca nele», confessava uma leitora de um estudo acerca dos anjos. «Rodrigo, sou tua! Rodrigo, vou para ti!», exclama uma heroína de Paul Claudel, que está à beira da perdição. «E eu acompanho-te», declara o seu Anjo da Guarda.[16]

Em muitos países há um serviço de assistência espiritual chamado o *telefone amigo*. Pessoas que sofrem de solidão procuram por meio desse serviço um alento: «Sinto-me inútil, estou só. Nas minhas noites como pão e silêncio.» «Entro num cinema e, durante o espetáculo, não faço mais do que perguntar-me: E depois, que farei? Um pequeno passeio. E depois?» Como ficariam estupefatas essas pessoas se alguém lhes revelasse a presença contínua de um anjo que as vê, as ama e arde em desejos de povoar a sua solidão e de fazer que o seu deserto floresça, levando-as a

---

16   *Le soulier de satin,* primeira jornada, cena XII.

empregar o seu tempo e energias no serviço de Deus e dos homens!

Nunca se insistirá suficientemente na harmonia que existe entre a dianteira que tomam Deus e os anjos por um lado e, por outro, as esperas secretas do espírito e do coração do homem. Deus é amor. Jesus desceu à terra «para salvar o que estava perdido»[17]. Como a água, a graça procura espaços vazios para encher. Como o sol, os dons de Deus procuram espaços onde derramar a sua luz. Os Anjos da Guarda secundam estas operações. Dispõem-nos para que recebamos a graça. São nossos amigos verdadeiros. Um conceito raquítico do corpo místico leva a subvalorizar esta amizade.

Paulo VI fazia essa observação quando da canonização desse amigo dos anjos que foi Frei Banildo, dos Irmãos das Escolas Cristãs: importa muito reforçar o sentido, tão frequentemente debilitado em nós, da comunhão dos santos; o sentido de que, segundo São Paulo, somos «concidadãos dos santos e membros da família de Deus».[18]

«Dir-se-ia», escreve Jacques Maritain, «que estupidamente cremos que esse povo (os eleitos no céu e os anjos) dormem na visão beatífica e já não querem tornar a ver-nos, que nos esqueceram. E na verdade, quanto a nós, fazemos todo o possível para isso».[19] «Tanto os anjos como os justos»,

---

17 Lc 19, 10.
18 Ef 2, 19; discurso de 29-X-1967.
19 *Carnet de notes*, p. 363.

assinala Dom Cipriano Vagaggini, «interessam-se sumamente pelos irmãos que estão ainda na luta e ajudam-nos de diversas formas: oferecem a Deus as orações dos fiéis e rogam espontânea e continuamente a Deus por eles. Os anjos servem de intermediários entre Deus e os fiéis de aqui de baixo; revelam-lhes os desígnios de Deus; intervêm na batalha como ministros de Deus, para castigar os inimigos e fiéis da besta, especialmente mediante os elementos materiais, dos que têm o poder por vontade de Deus; conduzidos pelo seu chefe, Miguel, empreendem também diretamente a luta contra Satanás e seus satélites.»[20]

«Vivemos com os anjos»

«O Deus escondido, o Deus misterioso, não é o Deus longínquo, o Deus ausente: é sempre o Deus próximo.»[21] Pois «nEle vivemos, nos movemos e somos». De igual modo, salvas as distancias e a proporção devidas, podemos dizer que o anjo escondido, o anjo misterioso, não é o anjo longínquo, o anjo ausente, mas está sempre próximo como Deus, de quem é o enviado entre os homens. O anjo acompanha-nos sempre e por toda parte; ele «coopera em todas as nossas boas ações». «Já aqui na terra vivemos na companhia dos anjos», escreve São Tomás, com a rigorosa simplicidade do contemplativo que exprime o fruto da sua

---

20   *El sentido teológico de la liturgia*, Madri, 1965, p. 330.
21   Henri de Lubac, *Sur les chemins de Dieu*, cap. 4, p. 112.

experiência. Interrogada acerca da presença dos anjos, Joana d'Arc declara aos seus juízes: «Vi-os muitas vezes entre os cristãos.»[22]

Para explicar aos seus paroquianos que «há anjos ao nosso lado», Newman recordava os anjos que Jacó via em sonhos subir e descer. O filho de Isaac é a imagem do homem, objeto de contínuas solicitudes da parte dos Anjos da Guarda, que levam até o céu as nossas orações e nos trazem as luzes e as energias. O mundo dos anjos rodeia-nos por toda parte, como a atmosfera que nos envolve. «Reparai nisto: fala-se com frequência desse mundo como se só houvesse de existir depois da nossa morte. Não, existe já desde agora. Está no meio de nós, está à nossa volta.» Jacó percebeu-o num sonho. Anjos, cuja presença não tinha suspeitado, rodeavam-no. Numa palavra, «também nós vivemos rodeados de um mundo de espíritos com os quais estamos em comunicação, ainda que não o queiramos.» Por que, pois, rebelar-se ante este mistério, cuja existência está testemunhada pela fé?[23]

Sensível, como Newman, ante a presença do mundo invisível, Paul Claudel procura analisar a irradiação misteriosa do Anjo da Guarda sobre o homem: «O passo com que avançamos é ao mesmo tempo o nosso e o deles. Nós sozinhos não seremos capazes desta ligeireza triunfal, desta modéstia e, ao mesmo tempo, desta segurança.

---

[22] Paul Doncouer, *op. cit.*, p. 18.
[23] Sermão de Oxford sobre o mundo invisível.

PERSPECTIVAS DE FUTURO

Este pequeno estribilho que de vez em quando repito para me dar ânimo, parecido às canções de brincar à roda que noutros tempos ensinava aos meus filhos, aprendi-o da sua boca. Ele é que limpou os meus olhos com o fel do peixe inefável. Ele é que me fez ver tudo sob um novo aspecto e que faz que sob os meus pés a cor azul esteja a tingir inclusive o caminho mais ingrato. Ele é que extrai de todas as coisas, para mim, a moralidade e a ação de graças, e que faz que tudo à minha direita e à minha esquerda se converta em ritmo, ideia, semelhança, proposição, temperamento e hino. [...] Uma vez começada a conversa entre o peregrino e o seu companheiro, quem poderá detê-la? Que gozo dá ouvi-lo, e nós quantas coisas temos para lhe oferecer!»[24]

Ainda mais: uma vez familiarizado com o seu Anjo da Guarda, o homem entrevê algo da sua misteriosa formosura. «Não creias», escreve um teólogo, «que todas as perfeições, que todas as belezas que encerra um globo como a Terra, possam comparar-se com a perfeição e a beleza de um anjo. São Tomás diz algures que cada anjo ocupa no universo o lugar que no universo ocupa uma estrela ou um sol.»[25]

É o mesmo sentimento de Ângela. Estando em oração na catedral de Foligno, invocou os anjos. Apareceram-lhe: «A presença dos anjos

---

24 *Présence et prophétie*, segunda nota sobre os anjos, pp. 261-262.
25 Lavy, *Les anges*, Paris, 1890, p. 51.

inundou-me de tal alegria que, se não a tivesse sentido, não teria acreditado que a vista dos anjos fosse capaz de a proporcionar.»[26]

Uma leiga contemporânea canonizada por Pio XII em 1940, Santa Gema Galgani, desfrutava como Francisca Romana da presença visível do seu Anjo da Guarda. Vivia numa intimidade familiar com ele. O anjo era para ela como um irmão mais velho, lúcido, terno, às vezes severo e exigente: não deixava passar falta sem repreendê-la. O diretor espiritual da santa duvidou num primeiro momento desta presença visível. «Eu notava que, cada vez que ela levantava os olhos para olhar o anjo, para o escutar ou para lhe falar, ainda que não fosse durante o tempo da meditação ou da oração, perdia o uso dos sentidos; nesses momentos podia-se abaná-la ou picá-la, que não sentia nada. Quando afastava a vista do seu Anjo da Guarda ou quando cessava o colóquio, voltava a si. [...] Indico estes pormenores para que ninguém queira atribuir a uma alucinação este trato íntimo com o anjo.»[27]

Este trato familiar de Santa Gema com o seu Anjo da Guarda é sem dúvida excepcional, como

---

26   *Livre des visions et instructions,* cap. 38.
27   Germano, *Santa Gemma Galgani,* pp. 209-210. Um poeta contemporâneo não cristão, Rainer Maria Rilke, adivinha algo deste esplendor sobre-humano dos anjos: «Se um deles me acolhesse no seu coração, cairia morto por causa da sua existência demasiado forte, pois o formoso não é mais do que o primeiro grau do terrível» (*Elegias de Duíno*). «No vocabulário muito preciso deste poeta», assinala Daniélou, «o terrível é o que exprime a intensidade da existência divina, o que lança o homem numa espécie de espanto sagrado».

era excepcional a sua vida de penitência e de oração no meio do mundo. O seu diretor espiritual não deixa de advertir que Deus mede as suas graças segundo a vocação particular de cada um. Nem todos estão chamados à mesma forma de perfeição e de atividade apostólica. «Daí se conclui que a missão dos Anjos da Guarda varia segundo as pessoas. Gema foi chamada pela Providência a ocupar um lugar muito superior ao do comum dos eleitos; por isso convinha que o seu anjo tivesse com ela um cuidado muito particular.»[28] Uma observação do Cardeal Daniélou concorda com esta do Pe. Germano: «Os maiores santos e homens de Deus viveram neste trato familiar [com os anjos], de Santo Agostinho até John Henry Newman.»[29]

Maquinistas escondidos do cosmos

Não quereríamos terminar estas páginas sem mencionar um aspecto pouco explorado ainda pelos autores: as relações entre os anjos e o cosmos. São Tomás projeta uma luz sobre estas relações com uma afirmação de alcance incalculável: «Todas as coisas corporais estão governadas pelos

---

28 *Op. cit.*, p. 207.
29 *Les anges et leur mission*, p. 5. Entre os cristãos dos tempos modernos que viveram um trato íntimo excepcional com o seu Anjo da Guarda, citaremos a fundadora das Servas do Santíssimo Sacramento e da Caridade, Santa Micaela do Santíssimo Sacramento, nascida em Madri no ano de 1809 e falecida em Valença em 1865 (cf. *Favores divinos* e *Autobiografia*); e também uma jovem brasileira, Cecília Cony, nascida em 1900 e morta em 1939, como religiosa franciscana.

anjos. E isto não é um ensinamento apenas dos doutores, mas de todos os filósofos.»[30]

«Trata-se, pois, de uma doutrina solidamente estabelecida na tradição e na razão. Pela nossa parte, pensamos», comenta o Cardeal Daniélou, «que o governo inteligente e forte de que dá mostras o cosmos pode muito bem ter por ministros os espíritos celestiais, por mais que isto desagrade ao racionalismo de alguns dos nossos contemporâneos. Poderia suceder que esta conexão entre os anjos e o universo visível nos desse a chave de determinados mistérios».[31]

«Acrescentemos que os descobrimentos da física nuclear vêm ampliar estes horizontes [de São Tomás] de maneira ainda insuspeitada», comenta, por sua vez, o Cardeal Journet. «Fazem-nos penetrar num mundo que, embora continue a ser o da matéria, nele a matéria participa de certo modo da invisibilidade do espírito. O princípio de indeterminação de Heisenberg mostra-nos o que ainda fica de incompreensível para nós neste terreno. Aqui é onde pode exercer-se, de maneira privilegiada e até talvez preponderante, a ação dos espíritos puros criados sobre o cosmos.»[32]

---

30   *Suma teológica,* II, q. 110, a. 1.
31   *Les anges et leur mission,* p. 12. Os anjos governam as forças da natureza com uma inteligência e uma capacidade muito superiores às dos nossos mais insignes sábios, escreve um teólogo. Os anjos, acrescenta, poderiam proporcionar-nos a solução de muitos problemas postos atualmente às ciências positivas e poderiam desvendar-nos certos segredos da natureza. Cf. Luigi Majocco, *Una visione nuova del Paradiso. L'umanesimo celeste.* Chieri, 1967, p. 318.
32   *L'Église du Verbe incarné,* t. III, p. 236.

Estas relações interessavam muito a Newman. Apresentando um dia os anjos como «os maquinistas escondidos do universo», interrogava-se «se esta doutrina não seria mais razoável e mais reconfortante para o espírito do que a que se contenta com invocar leis e teorias científicas».[33]

«A natureza não carece de alma. A sua obra cotidiana respira inteligência. Obedece a ordens que recebe», escreve Newman. E concretiza com a sua linguagem de poeta e de homem espiritual: «Para qualquer lado que olhemos, tudo nos traz a recordação destes seres cheios de graça e de santidade, servidores do Altíssimo, que se dignam pôr-se ao serviço dos herdeiros das promessas. Em cada sopro de ar, em cada raio de luz, ante qualquer bela perspectiva, roçamos a orla, vemos agitar-se a túnica dos que contemplam a Deus face a face...»

> Imagino... um sábio. Está analisando uma flor, um pedaço de erva, uma pedra, um raio de luz. E se, de repente, descobrisse, sob estas formas visíveis, um ser poderoso escondido nelas e que lhes dá a sua beleza, a sua graça, a sua perfeição, qual não seria o seu assombro! Como quando ficamos perturbados ao tropeçar com alguém ou ao dar-lhe uma calcadela sem nos darmos conta. Não porque julguemos ter-lhe feito mal, mas simplesmente porque temos consciência de ter-lhe faltado ao respeito. Numa erva, numa flor, há muito para nos assombrarmos e até para nos sentirmos como que angustiados. Parece-me muito

---

33 *Paroch. serm.*, II, XXIX, p. 403, citado por Bremond, *Newman*, p. 272.

bem que saibamos tanto como o mais consumado dos botânicos; mas que sabemos em comparação com estes sábios invisíveis, a cujos olhos a nossa melhor ciência não é mais do que ignorância? Assim, pois, quando vamos por aí filosofando sobre as coisas da natureza, repetindo nomenclaturas e descrevendo as propriedades dos seres, deveríamos pensar nestes grandes servidores de Deus que nos estão a ouvir e não nos aventurarmos a falar sem um certo respeito, como fazemos na presença de pessoas mais sábias do que nós. Não penseis que esta é uma devoção de mera fantasia... Com toda a certeza que a Sagrada Escritura não falta com a razão quando nos fala dos anjos; e, no que me diz respeito, não vejo que a nossa inteligência possa empregar-se em coisa mais útil que em relacionar assim a visão deste mundo material com outro mundo... Mesmo porque, nada é mais fácil de compreender.[34]

«Entendamo-nos!», poderíamos dizer com o Pe. Régamey. «Entendamo-nos! Não se trata de nenhuma maneira de introduzir entre as forças que conhece a física moderna, nem entre as que possa ir conhecendo, e ao seu mesmo nível, umas influências de origem espiritual que entrariam em composição com elas para produzir os fenômenos. Não pensamos que a influência angélica possa jamais ser captada em si mesma, como os físicos descobriram prótons, fótons, mésons, raios cósmicos, radar... Não buscaremos no mundo um lugar para uma ação espiritual desta índole, e causa-nos assombro ver excelentes autores

---

34   Ibidem, The powers of nature.

consagrarem páginas e mais páginas a refutá-lo. São suficientes duas frases, evocando a exigência de rigor que constitui como que a nobreza das ciências modernas: a aplicação do observado, no terreno das ciências, deve levar-se a cabo à "altura" do observado; neste campo devemos considerar como *cientificamente inexistente* "tudo aquilo com o qual nenhuma experiência pode conectar o espírito partindo do observado".»[35]

O Pe. Régamey limita assim a esfera em cujo interior não há lugar para fazer intervir os anjos. Outro teólogo, o Pe. Lavy, autor também de uma aguda obra sobre os anjos, mostra de que nível superior parte a sua influência absolutamente espiritual sobre o mundo material. O que Newman descreve com uma linguagem de poeta e de homem espiritual, o Pe. Lavy exprime-o na língua mais rigorosa do filósofo e do teólogo:

> Os anjos exercem providência inclusive sobre o mundo material. É difícil explicar esta atividade. É preciso evitar atribuir a causas superiores o que se explica suficientemente por causas naturais. Se a ciência basta para explicar o mundo material pelo mesmo mundo material, é inútil recorrer a causas superiores. Por outro lado, onde a natureza não se explica só por si, é razoável recorrer a agentes superiores.
>
> A natureza não se explica só por si na sua existência, o que nos leva a recorrer a uma causa criadora. A natureza não se explica só por si no seu movimento, esse movimento que, arrebatando o mundo ao caos,

---

[35] *Les anges au ciel et parmi nous*, p. 95.

o tira dele. O movimento no conjunto do universo não se explica sem um motor divino. "O movimento", diz Balzac, "sopra incompreensivelmente do soberano fabricador dos mundos". Pois bem, aí há lugar para toda uma hierarquia de intermediários. Reparai que não tiro a sua ação própria a nenhuma causa inferior, nem inclusive aos elementos. São Tomás admite a atividade nos corpos: "Os seres corporais têm maneiras de atuar determinadas pela natureza que receberam de Deus" (*Suma teológica*, I, q. 110, a.1, ad 1). Mas ao mesmo tempo admite que esta atividade não se exerce senão no interior de um movimento impresso aos corpos e que não vem deles mesmos: "As coisas corporais têm atividades determinadas, mas não as exercem senão quando recebem uma moção, pois é próprio do ser corporal não atuar senão quando recebe uma moção" (*loc. cit.*, ad 1). No seio do movimento, qualquer que seja o seu nome, calor, luz, eletricidade, é onde tudo se forma neste mundo. Repito, pois: o anjo pode ter ação no movimento das coisas, mas uma ação superior que a física não revela. "O anjo transforma a matéria corporal mais perfeitamente que os agentes corporais, quer dizer, atuando sobre esses agentes corporais como uma causa superior a eles" (*loc. cit.*, a. 2, ad 2). Santo Agostinho diz que não se produz um movimento no espaço que não pressuponha um movimento no tempo, nem um movimento no tempo que não pressuponha um movimento vital, nem um movimento vital que não pressuponha um movimento intelectual.

A obscuridade desta ação, a dificuldade de a definir, não prova nada mais do que a nossa ignorância. Uma vez que, quanto mais profunda é uma ação, mais escondida está, como a de Deus, que é a mais escondida de todas. Podemos comprovar a ação dos próprios agentes físicos, a luz, o calor, a eletricidade, mas escapa-se-nos o porquê da sua ação e mesmo a sua natureza. Que há, pois, de estranho em que a ação do espírito sobre o corpo, a ação do espírito sobre o espírito, enfim, a ação de Deus sobre todos os seres, nos escapem também?[36]

As reflexões dos Cardeais Newman, Journet e Daniélou, bem como as dos padres Lavy e Régamey sobre o «papel cósmico» dos anjos, ilustram a afirmação de São Tomás: por meio do ministério dos anjos Deus atua sobre o mundo material. Os anjos aparecem como a *longa manus* do Criador e como seus agentes no cosmos. Temos de aceitar que este é um aspecto ainda pouco explorado da atividade do mundo angélico.

As investigações conjuntas de filósofos cristãos, teólogos e cientistas poderão projetar luzes sobre este terreno ainda obscuro. «Quanto mais estudo a matéria», dizia um sábio, «mais descubro nela o espírito».[37] «Quanto mais comprovo a presença

---

36 Lavy, *Les anges,* pp. 185-186.
37 Cf. Paulo VI, discurso de 24-II-1966 aos Laboratórios Farmacêuticos ICAR, Roma.
  Paulo VI desenvolve estes pensamentos no seu discurso aos operários do centro siderúrgico de Tarento, na noite de Natal de 1968.
  A técnica utiliza as leis da matéria. «Mas estas leis não são senão pensamentos; pensamentos escondidos nas coisas, pensamentos imperativos que não só dão às coisas os nomes que empregamos habitualmente, como "ferro", "fogo" e outros, mas um ser particular que as coisas por si mesmas — é evidente — não poderiam dar-se: um ser recebido, um ser que nós chamamos recebido. Em cada fase do vosso trabalho estais encontrando este ser criado, quer dizer, pensado. Pensado por quem? Sem vos dar conta, estais a extrair das coisas uma resposta, uma palavra, uma lei, um pensamento que está nas coisas. Refletindo bem sobre isso, este pensamento faz-nos entrever a mão, o poder, que dizemos?, a presença, imanente e transcendente — quer dizer que se situa dentro e por cima — de um Espírito pensante e todo-poderoso, a que estamos acostumados a dar o nome que agora sobe aos vossos lábios trêmulos, o nome misterioso de Deus» (*L'Osservatore Romano*, 27-XII-1968).

desse espírito», poderá talvez confessar um dia outro sábio, «mais me interrogo sobre a fonte e o canal através do qual a fonte se comunica com o cosmos».

Esse canal é o mundo dos anjos.

Para ver as estrelas

Chegado ao final deste estudo, algum leitor, ao fechar o livro, ficará talvez pensando nas experiências e nas declarações dos Papas contemporâneos citadas nas primeiras páginas: o trato íntimo de Pio XI com o seu anjo, ao qual mobilizava para as entrevistas difíceis e ao qual estava agradecido por ter colaborado em todas as suas boas ações; o convite de Pio XII a viver desde agora o trato familiar com os que serão os nossos companheiros de eternidade; o desejo que exprimia João XXIII, o Papa da renovação, de que aumentasse o culto dos Anjos da Guarda; por último, a recordação no *Credo do Povo de Deus*, de Paulo VI, da participação dos anjos no governo divino.

Estes testemunhos dos Papas podem surpreender. São como uma ruptura com o desapego hoje frequente para com os anjos. No entanto, estes testemunhos não têm nada de sentimental nem fantasioso. São sóbrios. São realistas. Dizem o que é. Abrem-nos os olhos.

Poderíamos falar da «morte dos anjos» como se falou da «morte de Deus». A propósito desta, Paulo VI afirma que não foi o sol que se apagou, mas antes são os olhos dos homens que se obscureceram. Deus morreu não em si mesmo, como morre um grande da terra; morreu no pensamento e no coração de muitos homens.

A propósito da «morte dos anjos», poder-se-ia dizer analogicamente que não são estrelas que se apagaram no firmamento. Há sempre miríades e miríades de estrelas, mesmo se, em pleno dia, o homem não as percebe.

Para ver as estrelas é preciso entrar na escuridão da noite.

Do mesmo modo, para ver os anjos e conversar com eles, é-nos necessário penetrar na «escuridão luminosa» da fé; é necessário dar crédito a Deus, que revelou Ele mesmo a existência dos anjos e a sua missão entre nós.

Direção geral
Renata Ferlin Sugai

Direção editorial
Hugo Langone

Produção editorial
Juliana Amato
Gabriela Haeitmann
Ronaldo Vasconcelos
Roberto Martins

Capa
Gabriela Haeitmann

Diagramação
Sérgio Ramalho

ESTE LIVRO ACABOU DE SE IMPRIMIR
A 28 DE JANEIRO DE 2024,
EM PAPEL IVORY SLIM 65 g/m².